国語教育選書

論理的思考力を育てる！

批判的読み《クリティカル・リーディング》の学習モデル

―説明的文章の授業が深まる理論と方法―

川芳則 著

明治図書

まえがき

批判的読み（クリティカル・リーディング）は、説明的文章の学習を楽しく、力強いものにする。このことの実現に向けて、先に『論理的思考力を育てる！批判的読み（クリティカル・リーディング）の授業づくり――説明的文章の指導が変わる理論と方法――』（明治図書、二〇一七年）を著した。批判的読みのための教材研究をどのようにするか、学習活動をどのように開発・構成するか、これらの問いに対するわたしなりの答えを提出した書であった。そこでは批判的読みを授業に取り入れるための要素や観点を一覧できる「批判的読みの基本的なあり方」を構造図として示した。批判的読みの授業づくりの推進に一定の貢献はできたかと自負している。

しかし、これはどちらかと言うと「点」もしくは「面」としてのアプローチであるという思いもあった。実際の授業（単元）づくりには、加えて「線」としてのアプローチがなされなければ、自覚的、自立的な実践の開発、遂行には至らない。説明的文章の批判的読みの授業づくりに連続する道筋を付けたい。授業者が少しでもストレスなく、そして自らの力で、説明的文章の批判的読みの実践に取り組めるような手がかりを示したい。こうした願いが、本書の「学習指導過程モデル」に基づく提案となっている。

本書もまた、亡き妻初子に捧げる。単著刊行の際にはそのように、と決めている。三冊目となった。

二〇二一年十月

兵庫教育大学大学院教授

吉川　芳則

目次

Ⅲ 批判的読みを位置付けた学習モデル

小学校

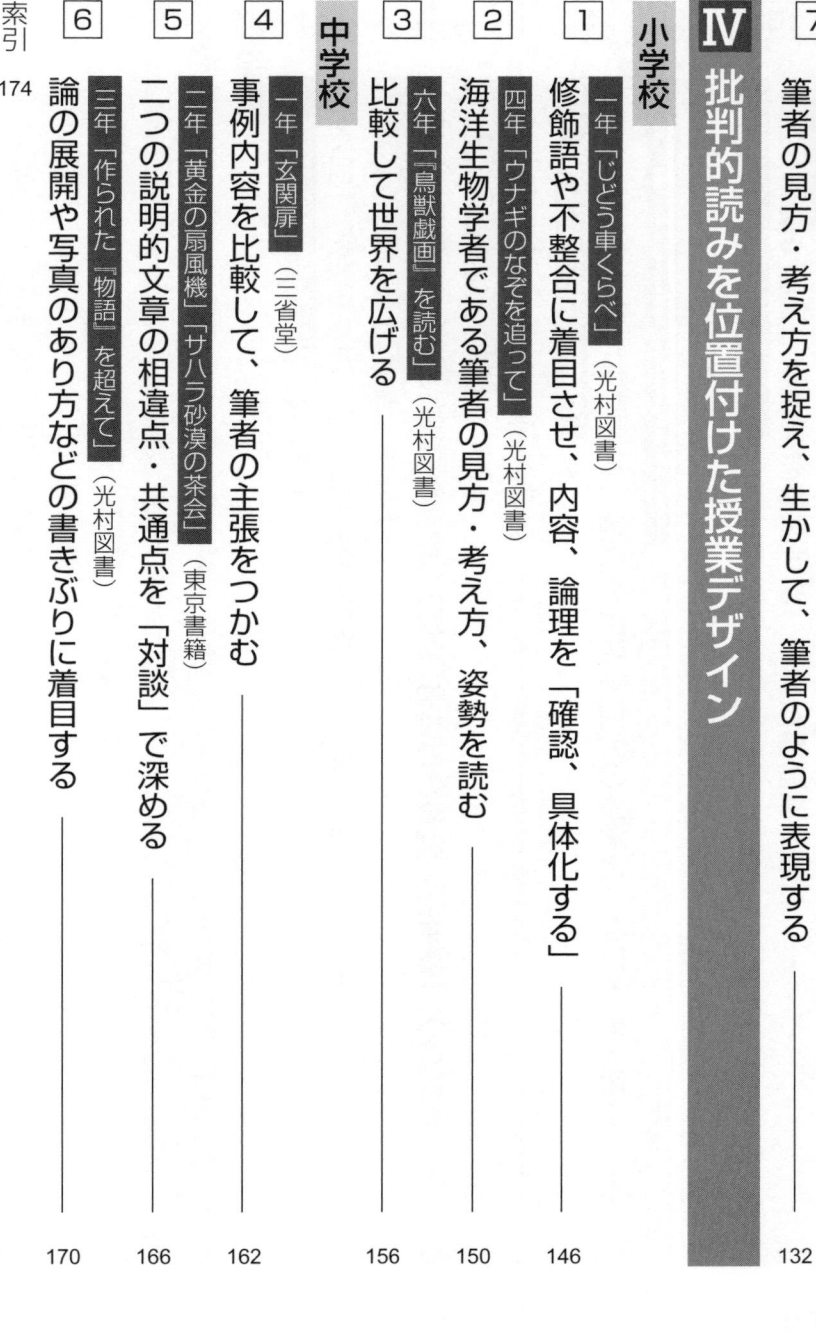

I

批判的読みを位置付けた
説明的文章の学習指導

1 批判的読みの学習指導研究の進展

1 前著（吉川、二〇一七）で整理した以降の批判的読みの研究・実践の動向

前著（吉川、二〇一七）では、批判的読みに関する先行研究のうち、一九六〇年代から二〇一二年までの主要なものについて概観した[1]。列挙すると以下のようであった。

都教組荒川教研国語部会（一九六三）の批判読み[2]／井上尚美（一九八三）の読みの授業の評価、批判、鑑賞に関する発問の提示[3]／森田信義（一九八九）の筆者の工夫を評価する読み[4]／阿部昇（一九九六）の吟味読み[5]／河野順子（一九九六）の対話によるセット教材の読み[6]／長崎伸仁（一九九七）の教材を突き抜ける読み[7]／井上尚美（一九九八）の批判的読みのチェックリスト[8]／森田信義（二〇一一）の評価読みによる説明的文章の教育の提案[9]／吉川芳則（二〇一二）のクリティカルな読みを取り入れた言語活動の段階[10]

この整理以降の三、四年の間にも、説明的文章の批判的読みに関する研究、実践の報告は継続的になされている。批判的に読むことへの関心と必要性の認識度合いは高まっていると言える。主なものを見ておきたい。

(1) 学習指導要領（平成二九年告示）の指導事項への導入

学習指導要領（平成二九年告示）では、〔思考力、判断力、表現力等〕の「C 読むこと」の指導事項に批判的読みに関する内容が盛り込まれた（傍線引用者、以下同じ）。

〔中学校〕第三学年

イ　文章を批判的に読みながら、文章に表れているものの見方や考え方について考えること。

ウ　文章の構成や論理の展開、表現の仕方について評価すること。

〔小学校〕第五学年及び第六学年

ウ　目的に応じて、文章と図表などを結び付けるなどして必要な情報を見付けたり、論の進め方について考えたりすること。

中学校のイには「批判的に読みながら」と明示された。ウの文章の形式面（書き表し方）についても「評価すること」ということばで、批判的読みを求めている。小学校のほうでも「論の進め方について考えたりする」があり、筆者の発想を推論する批判的読みを促すことを意図している。

義務教育の最終段階である中学校三年に批判的読みを指導することが位置付けられたということは、小学校一年から中学校二年の間も発達段階に即して指導するということ、必須の言語力として批判的読みの力、技能を身に付けさせるということである。中学校三年になって（その学年だけで）批判的読みを指導したからといって、急に、そして十全に身に付けられるようなものではない。

ちなみに、高等学校学習指導要領（平成三〇年告示）では、批判的読みに関する以下のような指導事項が位置付けられている。

「現代の国語」「C　読むこと」

イ　目的に応じて、文章や図表などに含まれている情報を相互に関係付けながら、内容や書き手の意図を解釈したり、文章の構成や論理の展開などについて評価したりするとともに、自分の考えを深めること。

「論理国語」「B　読むこと」

ウ　主張を支える根拠や結論を導く論拠を批判的に検討し、文章や資料の妥当性や信頼性を吟味して内容を解釈すること。

エ　文章の構成や論理の展開、表現の仕方について、書き手の意図との関係において多面的・多角的な視点から評価すること

「現代の国語」には「書き手の意図を解釈」「文章の構成や論理の展開などについて評価」などの、「論理国語」には「論拠を批判的に検討」「文章や資料の妥当性や信頼性を吟味」「書き手の意図との関係において多面的・多角的な視点から評価」などの文言が見られる。批判的読みを強く意識した指導事項となっている。

(2)　批判的読みの実践の広がり

実際の学習指導においても、批判的読みに当たる学習活動を取り入れた実践が、少しずつ広がりを見せている。河野順子（二〇一七）は、「批評読みとその交流」を取り入れた授業づくりを提案した。「子どもたちの既有の知識・技能・見方・考え方などを再構成するような学びでなければならない」として、「単なる教材文に向けての批判に終始していくだけでは」いけないことを指摘している[11]。河野の言う「批評読みとその交流」とは「文章に顕在化している論理や文章構成・表現を手がかりに、筆者の世界の捉え方を問い、他者と批評し合うことによって、最終的には、学習者自らの既有の世界の捉え方や論理・構造の捉え方を問い直し、変容を迫ることを目指す」ものである[12]。

授業づくりのポイントとしては、メタ認知的知識としての条件的知識に関する理論を重視し、トゥールミン・モデルをもとにした「根拠—理由づけ—主張」の三点セットによる論理的コミュニケーションの活用を提案している。所収されている小学校各学年の実践例では、単元目標を教材内容、教科内容、教育内容に分けて示している。「説明の工夫を見つけよう」（四年「アップとルーズで伝える」）、「見つめ直そう私たちの身近な

もの　筆者の説明に納得できるか?」（五年「見立てる」「生き物は円柱形」）、「筆者の意図を考えながら読もう」（六年「平和のとりでを築く」）などの実践例（教科書教材は、光村図書）が報告されている。

石丸憲一、東京・国語教育探究の会（二〇二〇）では、考えの形成を促す観点での説明的文章の授業づくりを提案した[13]。批判的読みの授業づくりを直接的に主張しているわけではないが、理論編、実践編とも批判的読みを意識して取り組んでいることがうかがえる。

理論編を担当している神部秀一は、説明文における「考えの形成」の具体的なねらいと流れを示したなかで「①教材内容に主体的に関わる『考えの形成』」として「自分自身の生き方や考え方についてまとめる」や「印象に残ったことを中心に、説明文を評価する」「挙げられている事例について、主観的に評価する」「賛否を主張する文章を書く」「新たな課題を提示する」などを示している。また「②教科内容に主体的に関わる『考えの形成』」として「学んだことを活用して説明文を書く」や「獲得した読みの手法についてまとめる」を挙げている[14]。

同じく理論編担当の正木友則は、「筆者の『よい』という判断を絶対視せず、文章や筆者の判断に対して、学習を『読み手』や『書き手』の立場に置くことで、どう感じるか、どう受け取るかということを起点に学習を展開したい」と述べている[15]。考えの形成を意図しているため、筆者の発想を推論するというより、自分の立場からどう読み、判断するかが中心になっている。

実践編でも、「『第10・11段階に納得できるか』を話し合い、筆者のまとめについて自分なりの考えを持つ」（二年「すみれとあり」教育出版）、「明確な筆者の主張がないことを確認し、謎を解決した『経緯』や『さらなる問い』などを基に、想定される筆者の主張について、自分なりに考え交流する」（四年「ウナギのなぞを追って」光村図書）、「事例と自分の体験や知識とを結び付け、事例を評価する」「筆者の主張から自分なりに事例を考え、交流する」（六年「時計の時間と心の時間」光村図書）などが見られる。理論編の提案を反映させた批判的読みが展開されている。

2 批判的読みの力の拡充

批判的読みの力をより現実的、実質的なものとして捉え、身に付けさせることの必要性を主張する研究がなされてきている。テクストそのものや筆者の主張のあり方を吟味、評価することは行われ成果も上げているが、内容的な価値について検討したり、社会的な文脈のなかで事柄を捉えたりすることが希薄であるとするものである。こうした批判的読みのあり方を問題とした研究に、澤口哲弥（二〇一九）、古賀洋一・池田匡史（二〇一九）がある。

澤口は、国語科における「クリティカルな読み」に関する指導理論の先行研究を、ことばの論理を中心に扱う「言語論理教育」、筆者を読む「評価読み」、メディアを教材として扱う「メディア・リテラシー教育」、PISA型「読解力」における「熟考・評価」、認知心理学の批判的思考を背景理論とした「批判的思考」の五つに類型化したうえで、「言語―非言語」と「社会的―個人的」の二つの軸で二次元的に整理し、第一象限に当たる「言語―社会的」の研究が空白であることを示した。澤口は、これは「『クリティカルな読み』の先行研究が社会的・文化的文脈から脱構築化されてきた指導であったことを意味する」とし「国語科の学びが書き手や読み手の背景にあるコンテクストにあまり着目しないものであった可能性を示すもの」だと指摘した[16]。国語科は「社会を取り入れ社会へ返す」教科であるべきという平易な文言によっても主張しており[17]、「クリティカルな読み」こそ、その中核となることを述べた。

古賀・池田は、「現在の批判的読みの指導では、主張と根拠・理由付けの関係を吟味させるもの」が中心であり、「そうした指導のみでは、多元論理の問題に対応した批判的思考を育成するに十分ではない」とする問題意識をもち、批判的読みの授業における統合的理解の形成過程を明らかにした[18]。古賀らはリチャード・ポールの定義を引いて、多元論理の問題というのは「一つの問題に対して複数の立場から対立的な主張がなされ、それらに優劣をつけることが容易ではないがために、一義的に『正しい』答えを決めることが難しい問題のことである」としている。これによって、複数の主張を統合して統合的理解を形成していくような批判的思考を、説明的文章の論証の読みに具体化することの必要性を主張した。中学校における実験授業をとおして「互いの筆者の論証が理解される段階」「互いの適用範囲が自覚される段階」「複数の状況に対応して統合的理解が形成される段階」があることを報告している（これにつながる研究成果として、古賀洋一（二〇二〇）の大著がある[19]）。

古賀・池田が研究対象としたポールの多元論理の問題をクリティカル・シンキングの観点から考究したのが酒井雅子（二〇一七）である。クリティカル・シンキングが哲学的な探究のための力であるという認識を明らかにしたうえで、井上尚美らのクリティカル・シンキングの理論は、「主として『論理主義』の傾向が強く、一論証の合理性評価にとどまるものであった」として、「多数の論証、特に多様な価値判断を評価、比較、統合するまで及んでいる」ことが異なる点であると主張している。さらには「クリティカル・シンキングが探究のためのメタ探究力として抽出され、そのメタ探究力を、生涯に亘る探究力として教育の対象とするという認識を明らかにした」ことも成果として挙げている[20]。

三者に共通するのは、教科書教材をどう読むかというレベルのものに批判的読み（クリティカル・リーディング）を押し込めず、実際の社会生活のなかでも使っていけるものに、と意識して指導することの必要性を説いていることである。藤森裕治（二〇二〇）もこの点について、「今日のＣＲ（クリティカル・リーディングのこと――引用者注）が重視する要素のうち、必ずしも十分に取り上げているとは言えないものがある。それは、文章を社会的・文化的な環境条件を視野に入れて把握し評価するという要素である」と述べている[21]。ただし、藤森は「もとより、前掲の諸理論が社会的・文化的側面を無視しているわけでは決してない」と断り「国語科教育という枠組みにおいて、まずは説明的文章におけることばを能動的・論理的・批判的に読むための方法論が目指されたと理解される」とも指摘している。

発達段階の問題もある。限られた授業時間数ということもある。したがって、テクストのことばそのものや、筆者を読むことを中心とする批判的読みの授業もあってよい。また強く社会一般を意識した読み方を志向していなくても、自身の生活のあり方につなげることを促すことはできる。意識しておきたいのは、教材文だけを批判的に読むことに終始する学習指導過程、カリキュラムを絶対視しない姿勢をもっておくことである。本書の「学習指導過程モデル」の提案、それに基づく実践例の提示は、そうした取り組みの一つとして位置付けられるのではないかと考えている。

藤森は、クリティカル・リーディングが汎用的能力としての方法的知識だという自覚が必要であるとも述べている。「論理的に思考し、課題に対する認識や判断を適切に行うために欠かすことのできない方法的知識」である。こうした認識で説明的文章の読みの指導に当たり、批判的読みを位置付けていくことが、授業を、学習を、教室から外へ開いていく方向での取り組みとして促すことにつながる。

2 説明的文章の批判的読みの学習指導過程開発研究の状況

1 説明的文章の批判的読みの学習指導過程に関する先行研究

本節では、説明的文章の批判的読みに関する学習指導過程モデルの構築に向けて、代表的な先行研究を概観しておきたい。対象とするのは、倉沢栄吉・青年国語研究会の「筆者想定法」、森田信義の「評価読み」、阿部昇の「吟味よみ」である。

(1) 「筆者想定法」における学習指導過程

書かれている事柄や主張、判断等を、書かれている順序にしたがって素直に読むことが説明的文章の読みであり、そのために働きかけるのが説明的文章の学習指導であるとする考え方に一石を投じたのが、倉沢栄吉・青年国語研究会（一九七二）が提唱した「筆者想定法」である[22]。筆者想定法に関する刊行物としては、倉沢が指導していた野田弘・香国研（一九六九[23]、一九七〇[24]）が先行している。が、前者は文学的文章を対象にしたもの、後者は説明的文章が対象だが筆者想定のあり方そのものについて論じたものである。よって、ここではその学習指導過程のあり方に比較的力点を置いている倉沢ら（一九七二）をもとに述べることにする。

筆者想定法というのは「その文章を生み出した筆者と、直接的に対面しようとする読み」であり「できあがった文章を主たる対象とはしないで、むしろ、その文章が生産されていった過程に光をあてていこうとするもの」「筆者の発想や着想を探ることから始めて、取材や選材の苦労、構想のくふうのあとをたどることによって、その文章の世界を豊かに想定するもの」である[25]。こうした考え方をとる筆者想定法の基本的な学習過程は、以下のように設定された[26]。

第一次想定　文章作成の動機や意図を想定する。

第二次想定　取材、構想の過程を想定する。

第三次想定　筆者と直接的に対面し、読み手の世界を拡充する。

第一次想定は、「筆者がどのような動機や意図でこの文章を生み出し、また、書き進めていったか、ということを想定する」段階である。こうした点での筆者との対話を行うために、読み手が交わすべき問いとして「なぜ、そのことを書く気になったのですか」「どういう立場で書いたのですか」「どういう人たちに読んでもらいたいと思いましたか」などを挙げている。想定するための手がかりとして示しているのは、題名、筆者情報、書名、目次・小見出し、まえがき・あとがき、余録・書評、本文である。

第二次想定は、「一次で想定した意図に従って、取材、構想の過程を想定していこうとする」段階である。取材面での想定は、「この文章を書くために、どのような調査、研究をしたか、どのような文献、資料にあたったか、平素どのような材料を集めていたか」について考えることだとしている。構想の過程の想定については、「筆者は、選び取った材料をどう組み立てていったか。また、意図を強化するためにどのように組み直していったか。書き出しや結びの文は、どんなものを幾通り思い浮かべたか」などを観点として挙げている。

第三次想定は、「筆者の想に正確に着地する」前段と、「読み手自身の新しい世界をひらく」後段とからなるとしている。後段のほうは、「読み手が書き手の世界から解放されて、自分自身の世界を想像していく、楽しいひととき」「読み手の世界の拡充」とも述べている。後段の具体的な批判的読みのあり方としては、「A　ものの見方、考え方」については、「『……』ここは矛盾しているように思う。むしろ、……このように考えるべきではないか」「わたしだったら、『……』ここは……と考えるな」が、「B　材料」では、「『……』これは蛇足ではないか。それよりも……」「『……』ここには、ほかに『……』こんな材料も加えてよいのではないか」などが挙げられている。他に「C　表現」の「わたしだったら、『……』ここは『……』ということばを使う。それは……だからだ」、「D　構成」の「筆者がこの文章でいちばん言いたいことは『……』ということだと思う。それならば、書き出しを『……』と変えたほうがよいのでは？」なども ある。

注目すべきは「E　発展」として、「この文章を読んで、ほかに……のような文章が読みたくなった」「この文章を読んで、……という題材で書いてみたくなった」等が置かれていることである。教材文に収斂する読みにとどまらず、まさしく文章から「離陸」し発展していく読みを位置付けていることは、批判的読みの学習指導過程モデルを構築する際に意識したい観点であり内容である。

(2)「評価読み」における学習指導過程

森田信義（一九八九）は、「何が、どのように書かれているかを文章に即して理解し、確認する読み」を「確認（の）読み」とし、「筆者の工夫は、説明の対象である事象の本質の解明に成功しているのかどうかを問う読み」を批判的読みに当たる「評価（の）読み」と称した[27]。森田は、この「評価読み」の指導過程について「評価の構えづくり」→「確認の読み」→「評価の読み」という関係を示し、「全体として、評価活動が、確認の活動を包み込む関係として指導過程を構想している」としつつも「『評価の読み』と『確認の読み』との関係は単純なものではない」とも述べた[28]。「包み込む関係」とはどのような関係なのか、また「単純なものではない」とする関係についても判然としない面があり、学習指導過程開発に際しての壁の一つとなる。

後年、森田信義（二〇一一）において、「評価読み」と「確認読み」との関係はやや具体化された。両者の関係を単元の流れに即して、題名読み及び通読の段階では「評価＜確認」、精読段階では「確認＜評価」、まとめ読みの段階では「評価＞確認」として示した[29]（不等号の開いているほうが読みのあり方の割合としては多いという意味である）。各段階の「活動の性格、特徴」として、題名読みは「評価の前提・評価のエネルギー源」、通読段階は「教材との初めての出会い。反応過程」、精読段階は「題名読み、通読段階での反応の確認及び解決、新しい反応と評価」、まとめ読みの段階は「評価活動の評価と発展的活動」のように記されている。両者の関係性や活動は若干わかりやすくなったが、実践のあり方としてはまだイメージしにくい。

また「評価読み」の学習指導過程モデルとして、学習活動を六つの「段階・順序」（「1　題名読み、2　全文読み（通読）(1)、3　全文読み（通読）(2)、4　学習課題づくり、5　教材の部分読み（精読）、6　教材の全体読み（まとめ読み）」に分け、各段階における「学習指導の内容」「備考」の項目を設けて、学習のあり方を提示している[30]。ただし、ここで言う「評価読み」は「確認読み」を含んだ広義の「評価読み」を指しており、「学習指導の内容」の欄を見ると、「2　全文読み（通読）(1)」の段階には「【内容中心の読みという特色を持つ】」、「3　全文読み（通読）(2)」の段階には「【特に、言語表現、論理に着目させる】」などの注書きがある。したがって、「確認読み」と区別した狭義の「評価読み」を含んだ、言語表現や論理に着目した能動的な説明的文章の学習を展開するための学習指導過程モデル、という様相が強い。

「読みの過程で生まれる反応（プラス評価だけでなく、特に疑問、意見反応を重視）の尊重」（「2　全文読み（通読）(1)」の段階）など狭義の「評価読み」につながる学習活動も見られるが、学習の中心となる「5　教材の部分読み（精読）」段階での「評価読み」に関わる「学習指導の内容」や「備考」における記述は見られない。これは先に述べたように精読段階は「評価読み」よりも「確認読み」の割合が多いとすること（確認＜評価）によるものと思われる。批判的読み（評価読み）をどのように位置付け、展開すればよいのかについては、わかりにくい。

(3) 「吟味よみ」における学習指導過程

阿部昇（一九九六）は、説明的文章の読み方指導の過程を「Ⅰ　構造よみ（構造分析）」「Ⅱ　論理よみ（論理分析と総合）」「Ⅲ　吟味よみ（文章吟味・批判）」の三つで提唱した。批判的読みに相当する「Ⅲ　吟味よみ（文章吟味・批判）」の指導過程は、次の二つの段階からなるとした[31]。

〈1〉文章の「論理」「ことがら（事実・意味）」を吟味し評価し批判していく「読み」の過程

〈2〉その「読み」にもとづく吟味・評価・批判の文章化、そして文章の書き直しをしていく「書き」の過程

中心は〈1〉の「読み」の過程である。〈2〉の「書き」の過程については、「『吟味』を文章として言説化していく必要がある」「文章の部分的『書き直し』『代案提出』をしていくことが中心となる」[32]と述べているものの、具体的な指導のあり方については多くは述べられていない。

「読み」の過程における「吟味よみ」の方法としては、「Ⅰ　主に『ことがら（事実・意味）』に関しての吟味」「Ⅱ　主に『論理』に関しての吟味」「Ⅲ　『筆者はなぜ、そのような不十分な書き方をしたのか』についての吟味」の三つが挙げられ、誤り・問題、曖昧さ、不十分さ、不整合・ズレの観点に基づいて吟味する際の着眼点が具体的に提示されている。注書きには「Ⅰ・Ⅱの方法によって明らかになった文章の問題点について、それぞれ『筆者は、なぜそのような書き方をしたのか』『筆者のその書き方の意味は』について、文章の書かれ方から推理・追求する」ことが記してあり、いわゆる「筆者を読む」立場での読みの推進を主張している[33]。

批判的読みのあり方のそのものについては詳細かつ具体的に示されている。ただし批判的読みとしての指導過程、段階性についてはやや曖昧な点はある。また教材の分析・研究の際には有益な内容であるが、実際の授

業のなかでどのように実行、展開されているかについては示されていない。

(4) 先行研究から得られた示唆

批判的読みの学習指導過程に関する主要な三つの先行研究を概観し、学習指導過程モデルの構築に向けて得られた示唆は、以下の二つである。

一つめは、学習指導過程における確認読みと批判的読みとの関係性をより具体的に示すことである。新たな情報、知見を得ることを旨とする説明的文章では、内容や形式を確認することが中心ではある。それらと批判的読みとがどのような観点で、どのように関わり合うのか、単元（授業）開発への視点が得られるレベルを意図して関係性が示されることが、具体的な学習指導過程の開発には必要である。

二つめは、前節でも触れた、社会や生活にひらく観点（余地）を有する批判的読みの学習指導過程モデルを構築することである。テクストに収斂し、テクスト内だけの読みに収まることだけを前提としない学習指導過程を意図したい。倉沢らの言うように、「文章からの離陸」を試み「読み手の世界の拡充」をすること、社会や生活のなかで活用できることも保障するものであればと考える。

2 説明的文章領域における実践的研究課題としての、批判的読みの学習指導過程の開発

前節で概観した研究成果があるにもかかわらず、説明的文章の批判的読みの学習指導過程の開発研究としては、あまり進展が見られていないのが現状である。先行研究で示された知見が学習指導過程論としては不十分であったり、非明示性が強かったりしていることが一因ではないかと思われる。これは、具体的な学習指導過程を開発したり改善したりする際に、授業（単元）における批判的読みの位置付け方がじゅうぶん検討されていないことが影響していると考えられる。

とは言え、学習指導過程についての研究がなかったわけではない。批判的読みに限定しない一般的な説明的文章の学習指導過程を論じた研究としてはなされてきた。主なものに渋谷孝（一九七三[34]、一九九九[35]）、竹長吉正（一九九六a[36]、b[37]、c[38]）、吉川芳則（二〇〇二）[39]がある。

渋谷は第一次段階における全文通読の問題、第二次における小段落の読みと大段落の認定及びその関係について指摘した。竹長は説明的文章の読み方として、事柄読み、筆者想定の読み、筆者対決の読みの三段階を設定したうえで、説明的文章読解の二つの指導過程（「基本読み」「対話読み」）を提案するとともに、小、中学校別に具体的な学習活動や発問、所要時間等も含めた基本的な指導過程を示した。吉川は広岡亮蔵（一九七二）[40]の学習過程の最適化論を援用し、小学校低・中・高学年の発達段階別に仮説的に設定した説明的文章の基本的な学習指導過程に基づく実践を提案した。しかし、これらの先行研究に見られる説明的文章の学習指導過程に関する問題意識は、森田信義（一九八九）の言う「確認読み」を中心とするものにとどまる傾向にあった。

批判的読みの学習指導過程に関して言及している竹長（一九九六a）にしても、「筆者との対話」を想定しつつも指導過程における批判的読みは、第四次まである指導過程の第三次において題名が付けられたわけを考えること、筆者の立場に立って要旨文を書くこと、筆者の考えについて自分の考えを書くことのように限定された形で位置付けられているだけである。[41]また竹長（一九九六b）では、小一の児童に書き手の意図を想定させる読ませ方を計画することや小三の児童に書き手の意図に対する意見を求めることは難しいことを指摘しているが[42]、これらについては批判的読みのあり方や捉え方、位置付け方として不可能かどうか再検討する必要がある。

竹長以外の説明的文章の批判的読みに特化した学習指導過程論に関する研究には河野順子（一九九六）や、

前節で見た森田信義（一九八九、二〇一一）のみである。しかし先にも述べたように、森田（一九八九）は批判的読みの学習指導過程を第一次から第三次まで順に「評価の構えづくり―確認の読み―評価の読み」と示すレベルにとどまっている[43]。森田（二〇一一）では各段階における確認読みと評価読みのバランスについて不等号を用いて示したり大枠の観点としての批判的読みの学習活動を例示したりはしているものの[44]、第二次における批判的読みの学習活動が非明示的であるなど不十分さは否めない。また河野（一九九六）の実践は複数教材をセットにした場合の批判的読みが中心であり、授業の基本的な形となることが多い単一教材の批判的読みの学習指導過程に対する言及は比較的少ない。こうして見ると、批判的読みの学習活動の構成や発問のあり方に関する研究報告に比べ、学習指導過程論に関する研究は手薄である現状がうかがわれる。

3　批判的読みの学習指導過程モデルの構築と活用に向けて

説明的文章領域においては、テクストを批判的に読むことが読みの力や読み方、さらには学習意欲の面で有効であることが主張され、研究や実践の報告も多くなされてきた。しかし、概してこれらの研究、実践は、批判的読みの学習活動の構成や発問のあり方に関するものが多かった。批判的読みとはどのようなものか判然としない授業者にとっては、これらの先行研究によって、従来の説明的文章の授業にはなかった読みのあり方を認知できたという点では実践、研究に有益であった。

効果的な学習活動や発問の開発は大事である。しかし、それらが単発的、独立的、感覚的になされていたのでは、学習者にとっては主体的な学びにつながりにくい。また授業者にとっては、自立的、自覚的な授業づくりにはならない。批判的読みの学習活動や発問を単元（あるいは特定の一単位時間）のどこで、どのように組織的に位置付け活用するとよいのか、学習指導過程論として成熟しなければ、説明的文章領域における批判的読みの授業は充実、発展しない。

ところが、批判的読みに関しては、ここまで見てきたように学習指導過程論に関する研究は、手薄な状況である。単元の計画や展開において、発達段階や教材の特性と対応させて、どのような観点、タイプの批判的読みを、どのような形、タイミングで位置付けることができるのか、またどのような効果があるのかを明らかにするための取り組みがもっとなされる必要がある。そのためには、参考とする学習指導過程のモデルが設定され、それに基づく実践が様々に開発され、そのモデル、実践がどんどん精緻化されていくことが望まれる。

本書では、こうした研究・実践課題を克服していくための一つの方策として、主として単一教材を対象とした説明的文章の批判的読みを駆動し充実させるための基本的な学習指導過程の仮説的モデルを提示した。じゅうぶんではないにしろ実践例での対応も示し、実際的な活用に向けての道筋を明らかにしようとした。これによって批判的読みを指導するための教材研究、単元構想、学習活動の開発の作業が容易になることを期待する。

〈参考・引用文献〉

1 吉川芳則（二〇一七）『論理的思考力を育てる！批判的読み（クリティカル・リーディング）の授業づくり――説明的文章の指導が変わる理論と方法――』明治図書、二〇―二七頁
2 都教組荒川教研国語部会（一九六三）『批判読み』明治図書
3 井上尚美（一九八三）『国語の授業方法論――発問・評価・文章分析の基礎――』一光社
4 森田信義（一九八九）『筆者の工夫を評価する説明的文章の指導』明治図書
5 阿部昇（一九九六）『授業づくりのための「説明的文章教材」の徹底批判』明治図書
6 河野順子（一九九六）『対話による説明的文章セット教材の学習指導』明治図書
7 長崎伸仁（一九九七）『新しく拓く説明的文章の授業』明治図書
8 井上尚美（一九九八）『思考力育成への方略――メタ認知・自己学習・言語論理――』明治図書、七七―八七頁
9 森田信義（二〇一一）『「評価読み」による説明的文章の教育』溪水社
10 吉川芳則（二〇一二）『クリティカルな読解力が身につく！ 説明文の論理活用ワーク（低学年編・中学年編・高学年編・中学校編）』明治図書
11 河野順子編著（二〇一七）『質の高い対話で深い学びを引き出す 小学校国語科「批評読みとその交流」の授業づくり』明治図書、三八頁
12 同右書、四〇頁
13 石丸憲一編、東京・国語教育探究の会著（二〇二〇）『小学校国語科 考えの形成を促す説明文の発問・交流モデル』明治図書
14 同右書、一四―一九頁
15 13に同じ、二〇―二五頁
16 澤口哲弥（二〇一九）『国語科クリティカル・リーディングの研究』溪水社、三八―四〇頁
17 同右書、四一七―四一八頁
18 古賀洋一・池田匡史（二〇一九）「説明的文章の批判的読みの指導における統合的理解」『国語科教育』、第八六集、全国大学国語教育学会、二六―三四頁
19 古賀洋一（二〇二〇）『説明的文章の読解方略指導研究――条件的知識の育成に着目して――』溪水社
20 酒井雅子（二〇一七）『クリティカル・シンキング教育――探究型の思考力と態度を育む――』早稲田大学出版部、二七七―二七九頁

21 藤森裕治（二〇二〇）「汎用的能力としてのクリティカル・リーディング」『月刊国語教育研究』、No.五八四、日本国語教育学会、二八―三一頁
22 倉沢栄吉・青年国語研究会（一九七二）『筆者想定法の理論と実践――読むことの学習指導の改革――』共文社
23 野田弘・香国研（一九六九）『表現過程追跡による読むことの学習指導』新光閣書店
24 野田弘・香国研（一九七〇）『筆者想定法による説明的文章の指導』新光閣書店
25 22に同じ、一五一頁
26 22に同じ、一五三―一七一頁
27 4に同じ、四一頁
28 4に同じ、八一頁
29 9に同じ、三三頁
30 9に同じ、五六―五八頁
31 5に同じ、七四頁
32 5に同じ、一〇八頁
33 5に同じ、七六―七七頁
34 渋谷孝（一九七三）『説明的文章の指導過程論』明治図書、一九八二年七版
35 渋谷孝（一九九九）『説明文教材の新しい教え方』明治図書
36 竹長吉正編著（一九九六ａ）『説明文の基本読み・対話読み１　理論編』明治図書
37 竹長吉正編著（一九九六ｂ）『説明文の基本読み・対話読み２　小学校編』明治図書
38 竹長吉正編著（一九九六ｃ）『説明文の基本読み・対話読み３　中学校編』明治図書
39 吉川芳則（二〇〇二）『小学校説明的文章の学習指導過程をつくる――楽しく、力のつく学習活動の開発――』明治図書
40 広岡亮蔵（一九七二）『学習過程の最適化』明治図書
41 36に同じ、二七―三三頁
42 37に同じ、一二頁
43 4に同じ、七九―八二頁
44 9に同じ、二九―三三頁

Ⅱ

批判的読みを位置付けた説明的文章の学習指導過程の考え方・つくり方

1 説明的文章の批判的読みの学習指導過程モデル

1 批判的読みを説明的文章の学習に意図的に位置付けるために

情報社会にあって批判的読みが益々重要になることはわかる。批判的読みとはどのようなものなのかということや、批判的読みが説明的文章の学習指導を活性化することも理解した。では、どのように授業のなかに位置付ければよいのか。毎時間、行わないといけないのか。

こうした先生方の声は、講演や研修会の際にしばしば耳にする。これらの素直な疑問に対して、前著（吉川、二〇一七）では、「単元のどこか一回、精読段階を中心に一時間の授業のどこか一回だけでもよいから、批判的読みの学習活動を取り入れてみよう」と述べた[1]。また「単元レベルで（つまり当該教材で授業を終えるまでの間に）一回ということであれば、本論部、結論部、題名についてのいずれかで行うのがよいのではないかと考える」とも記した[2]。前著では、これらに加えてもう少し補足説明もしているが、主張したかったのは、とにかく批判的読みを児童生徒に経験させたいということであった。授業者のやりよいものから、とにかく、扱ってみてください、というお願いでもあった。

先生方によくお話しする。「単元に一回だけでもいいから批判的読みに触れさせてもらうと、年間三教材で三回、批判的読みができます。六年間だと一八回、義務教育を終えるまでの九年間だと二七回、批判的な読み方を意識することになります。でも、そのたった一回を指導しなかったら、六年経っても、九年経っても、ゼロはゼロ。批判的読みとはどんなものか知らずに、批判的なものの見方を身に付けられずに、義務教育を終えることになります。一八対ゼロ、二七対ゼロ、ですよ。この差は決して小さくないと思いませんか」

「不十分でも、うまくいかなくても、とにかくやってみましょうよ。経験させてやりましょうよ」という切なる願いのような主張であった。もちろんこうした考え方は、今でもわたしの基本姿勢ではある。それでも、まあ乱暴と言えば乱暴ではある。「進め」の号令だけかけて、あとはそれぞれで好きなように進んでください、ということにもなっていたわけであるから。

そこで、「たった一回」の、もしくは複数回の批判的読みを、単元のなかのどこで、どのような観点、方法で位置付け指導すればよいか、組織的、体系的に示すことを意図して案出したのが、図2―1に示した「説明的文章の批判的読みの基本的な学習指導過程モデル」（以下、「学習指導過程モデル」）である。

2 「学習指導過程モデル」の特徴

「学習指導過程モデル」を案出するに当たっては、詳しくは後述するが、広岡亮蔵（一九七二）の学習過程の最適化論[3]、吉川芳則（二〇〇二）の説明的文章の学習指導過程モデル[4]、森田信義（二〇一一）の評価読みの学習指導過程モデル[5]を検討し、成果と課題を抽出した。加えて吉川芳則（二〇一七）で示した批判的読みの基本的なあり方の要素[6]との対応を図った。

「学習指導過程モデル」は、三読法に基づき三つの段階からなっている。以下、各段階における批判的読みのあり方の特徴を述べる。

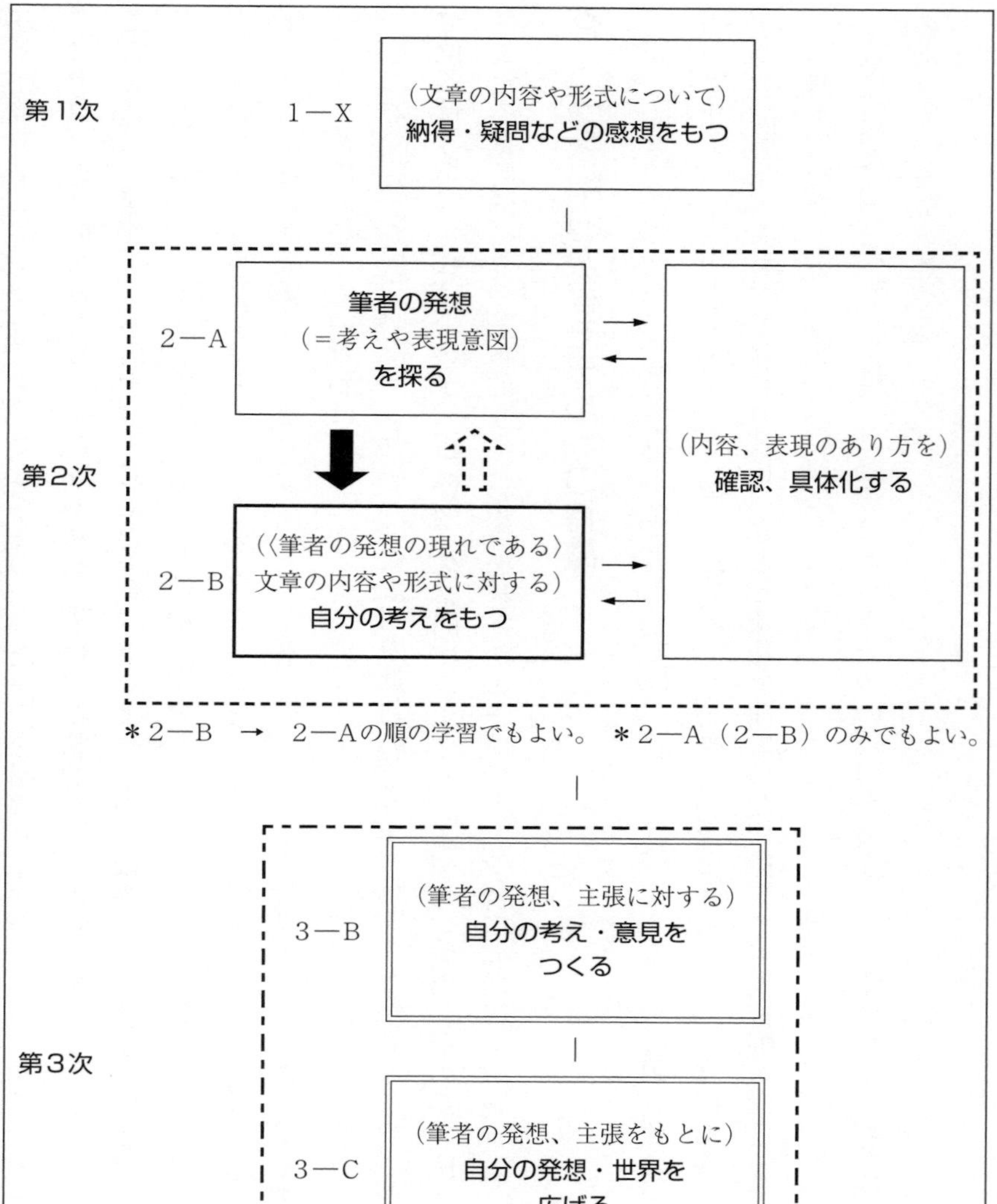

図2－1　説明的文章の批判的読みの基本的な学習指導過程モデル

第一次　「（文章の内容や形式について）納得・疑問などの感想をもつ」〔1―X〕段階

第一次は、「（文章の内容や形式について）納得・疑問などの感想をもつ」〔1―X〕段階である。寺井正憲（一九九二）は、批判的読みの実践に際して最初に文章に批判的に反応することが重要であることを主張した[7]。寺井の言う反応とは「わからない」「なぜか」「そのとおりだ」等の不明点、疑問点、肯定や否定の反応を指している。文章を読むことの初期段階は内容面に意識が向いて当然であるが、形式面においてもことば遣いや文体などに関心が向くことも考えられる。対象に対する多様な反応や捉え方（＝読み）が出されること、すなわち対象への主体的で素朴な反応を示すことが批判的精神として望ましいことから「（文章の内容や形式について）納得・疑問などの感想をもつ」ことを批判的読みの出発であり基底的な学習活動のありようとして位置付けた。

この段階に該当する具体的な学習活動が見られる例として、吉川（二〇一七）が挙げた三年の教科書教材「すがたをかえる大豆」（光村図書）の実践デザインを示して補足する（以下第二次、第三次も同じ）[8]。

本教材文は九つの小段落からなる説明的文章である。序論部では、大豆はいろんな食品に姿を変えて毎日食べられていること、昔から様々に手を加えておいしく食べる工夫をしてきたことが述べられている。本論部では、おいしく食べる工夫の事例を五つ（大豆の形のまま煎る・煮る、粉に挽く、含まれる大切な栄養だけを抽出して違う食品にする、微生物の力によって違う食品にする、収穫時期や育て方を工夫する）が示されている。結論部では、多くの工夫がされてきたのは大豆の味、栄養、育てやすさが要因であること、こうした工夫をしてきた昔の人々の知恵に驚かされることが述べられている。

実践例では、第一次の「全文を読んで内容の大体をつかむ」段階として二時間が充てられ、題名読みをすること、文章の大まかなつくりを確かめること、挿絵も使いながらどのような大豆を「おいしく食べるくふう」

が書かれているのか大まかに確かめることなどの学習活動が設定されている。普段食べている様々な食品が大豆からできていること、おいしく食べられるように工夫が施されていること等の情報は、児童にとって新奇なものも多いはずである。初めて知ったことや疑問に思ったことを出させ、交流を図ることで、最初の段階（〔1―X〕）での批判的読みがなされる。

第二次　「筆者の発想（＝考えや表現意図）を探る」〔2―A〕及び「〈筆者の発想の現れである〉文章の内容や形式に対する）自分の考えをもつ」〔2―B〕段階

第二次は、「筆者の発想（＝考えや表現意図）を探る」読み〔2―A〕と「〈筆者の発想の現れである〉文章の内容や形式に対する）自分の考えをもつ」読み〔2―B〕の二つを位置付けている。批判的読みの学習指導過程の基本型としては、〔2―A〕の「筆者の発想（＝考えや表現意図）を探る」読みから〔2―B〕の「〈筆者の発想の現れである〉文章の内容や形式に対する）自分の考えをもつ」読みへ順に学習活動が行われることとしている。しかし、授業時間と学習量との関係や授業者の経験年数、批判的読みへの習熟度等の観点を考慮すると、ひとまず図2―1の注（＊）にも示したように〔2―A〕の「筆者の発想を探る」のみ、または〔2―B〕の「自分の考えをもつ」のみの学習になってもよいと考える。また学習の順序性として、〔2―B〕の「自分の考えをもつ」読みが先行し〔2―A〕の「筆者の発想を探る」読みが後続する形も想定する。

「すがたをかえる大豆」の実践例に示されている学習活動と「学習指導過程モデル」（図2―1）との対応では、一例として、以下のように捉えることができる。

・事例（おいしく食べるくふう）の順序性について考える。すなわち「なぜ筆者は、この順にこれらの『工夫』を述べたのだろう」と問う読み（学習）。……「筆者の発想（＝考えや表現意図）を探る」読み〔2―A〕

・事例（おいしく食べるくふう）が述べられている順序の必要性、妥当性・適切性について考える。すなわち「この順序で例が挙げられているのはよいと思う（納得できる）、あまりよいとは思わない（納得できない）、この順番でなくてもよい。なぜなら…」と自分の考えを表明する読み（学習）。……「〈筆者の発想の現れである〉文章の内容や形式に対する）自分の考えをもつ」読み〔2―B〕

〔2―A〕、〔2―B〕の批判的読みは、図2―1右側の「（内容、表現のあり方を）確認、具体化する」読み（いわゆる確認読み：森田信義、一九八九[9]）と常に連動、関連してなされるものとして位置付けている。

■「（内容、表現のあり方を）確認、具体化する」読みと、「筆者の発想（＝考えや表現意図）を探る」読み〔2―A〕、「〈筆者の発想の現れである〉文章の内容や形式に対する）自分の考えをもつ」〔2―B〕読みとの連携の仕方

第二次は、〔2―A〕の「筆者の発想（＝考えや表現意図）を探る」読みと、〔2―B〕の「〈筆者の発想の現れである〉文章の内容や形式に対する）自分の考えをもつ」読みの二種類である。が、批判的読みだけで当該説明的文章を読むわけではない。前提として、図2―1右側の「（内容、表現のあり方を）確認、具体化する」読みによって、述べられている情報・内容を捉えたうえで、その情報・内容をさらに深く、多角的に認識するために、二種の批判的読みを活用し機能させる、というのが基本型だと考えている。以下では、「確認、具体化する」読みと、二種の批判的読みの連携の仕方について示してみたい。

(1) 第二次の読みの基本であり、優先させるのは「（内容、表現のあり方を）確認、具体化する」読み

「すがたをかえる大豆」の実践例では、どのような「おいしく食べるくふう」なのか見つけることを課題として三時間を充て、本論の事例それぞれの工夫について読み取る学習を展開している。これは「確認、具体化する」読みを行っていることになる。

教科書所収の小学校説明的文章教材の場合、よくも悪くも序論部（はじめ）に問題提示文が置かれていることが多い。学習課題は、原則この問題提示文をそのまま充てればよい。筆者が「これについてどう思うか」と問いかけているわけだから、それをそのまま受けて本文に向かうのが自然である。本教材には問題提示文はないが、「はじめ」の最後（第②段落）に「そのため、昔からいろいろ手をくわえて、おいしく食べるくふうをしてきました」の一文がある。その後の「中」の部分では、その工夫の例が順次述べられている。よって、この一文を学習課題化して「大豆の『おいしく食べるくふう』を見つけよう」とか「大豆の『おいしく食べるくふう』とはどのようなものだろう」などとすればよい。「（内容、表現のあり方を）確認、具体化する」読みの問いの基本型は「どんな内容、形式（＝書き方）か？」である。

ここでの確認、具体化のあり方の原則、基本は、既有の知識や情報を引き合いに出し、それらに基づいて述べられている事柄（または書き方）を詳しく自分のことばで言い換えていくことである。一つめの「大豆をその形のままいったり、にたりして、やわらかく、おいしくするくふう」について見てみよう。

具体例として「いると、豆まきに使う豆になります」とある。「煎る」という調理の仕方、そして歳時記的行事としての豆まきを見ること、経験することは少なくなっているかもしれない。「煎る」の辞書的意味は教えてやらねばならないだろう。が、「煎る」にしても豆まきにしても、実際に経験している児童は学級の中にはいることも考えられる。また、テレビ等で見たことのある児童は、いくらかいるのではないか。そうした児童たちに、既有知識に基づいた本文の内容の意味付け、価値付けを発表させ、具体化していくことができる。煎った豆は、本当に「やわらかく、おいしく」なるのかである。その柔らかさ加減は、もとの大豆に比べてどのようか、である。後続の煮豆の柔らかさとは当然違う。おいしさにしても同様である。

煮豆のほうが、実際の食生活との関連で確認、具体化はしやすいだろう。「正月のおせちりょうりに使われる黒豆」については、柔らかさもおいしさも、実感的な報告がなされるに違いない。煎り豆と比較させて「その形のままいったり、にたりして、やわらかく、おいしくする」ことの「くふう」の実の意味を捉えさせたい。

本教材の場合、文脈や順序（手順）を明確にすることも、確認、具体化の作業としては大事になるだろう。その際、非連続型テキスト（ここでは写真）と対応させることは、本教材の特性に即することになる。

三つめに挙げられているのは、「大豆にふくまれる大切なえいようだけを取り出して、ちがう食品にするくふう」（第⑤段落）である。その作業手順が文を連ねて説明されている。これらを、次のように作業順に番号を付して箇条書きで並べてみる。

①大豆を一ばん水にひたし、なめらかになるまですりつぶします。
②水をくわえて、かきまぜながら熱します。
③ぬのを使って中身をしぼり出します。
④しぼり出したしるに　にがりというものをくわえると、かたまって、とうふになります。

こうした書き並べ作業も、「確認、具体化する」読みとなる。①については、時間的に間が空いている。さらに二つに分けられないか問い、細分化させることも促したい（個人作業で書き換えを先に設定した場合には、はじめから分ける児童もいるだろう。なぜ分けたのか、皆に問いかけるのもよい）。

①では、「すりつぶします」とは、どのようにすることか。それを「なめらかになるまで」行うとは、どのように作業するのか。その様子を示した写真が掲載されている。それと照らし合わせて、自分のことばで説明させる。③についても「しぼり出します」とはどのようにすることか。「しぼる」でも「出す」でもない。

またこれらの作業のなかでどれが大変そうだろうか。なぜそう判断するのか。ことばから作業の様子を想像させ、比較の思考を使って意見交流させると、作業内容がはっきりする。大事なのは、ことばと写真で示された（限られた）情報から、確認し具体化することである。安易に映像情報を提供しては、ことばの力は付かない。

(2) 「筆者の発想（＝考えや表現意図）を探る」読み〔2—A〕、「〈筆者の発想の現れである〉文章の内容や形式に対する）自分の考えをもつ」読み〔2—B〕の観点の学習（発問）によって、より深く、多角的な認識へ

(1)のように確認、具体化の読みがしっかりなされれば、内容・情報の理解はひとまずできたことになる。しかし、それら内容・情報の質の面での吟味、検討がじゅうぶんに行われたわけではない。筆者がなぜ、このような内容・情報を、このような形式（書き方）を用いて発信したのか。そうした筆者の発想を捉えることができてこそ、この文章を深く読めたことになる。そして、そのことについて、どのように読者である自分は考えるのか明らかにしないことには、ただこの文章を読んだ、内容を受けとめた、だけで終わる。情報社会における読みのあり方としては、これでは弱い。そこで、〔2—A〕型の読み、〔2—B〕型の読みの二種の批判的読みの学習活動（発問）を設定し、それによって、より多角的で、深い認識に至るようにすることが必要である。

まず「筆者の発想（＝考えや表現意図）を探る」読み〔2—A〕である。この読みを促す発問の基本形は「なぜ筆者は…のだろう」である。内容面と形式面について、問うことができる。本項の冒頭では、事例（おいしく食べるくふう）の順序性について考えること、すなわち「なぜ筆者は、この順にこれらの『工夫』を述べたのだろう」と問うて読む学習を示した。これは「批判的読みの基本的なあり方」図における〔3 読み・検討の対象〕の「形式面」の「g　順序」に着目し、〔2 読み・検討の観点〕の「① 必要性」に基づいて設定された問いである。これを考えようとすると、これまで五つの事例（「おいしく食べるくふう」）ごとに確認、具体化してきた内容を横並びに比較し、それぞれの事例の共通点・相違点（〔3 読み・検討の対象〕の「内容面」の「d」）を意識して読み直さねばならない。事例（「工夫」）の特質を深く捉え直すことになる。

「〈筆者の発想の現れである〉文章の内容や形式に対する）自分の考えをもつ」読み〔2―B〕は、先の場合なら、そうした（順序で事例を並べた）筆者の発想に対して、「わたしは……のように考える・思う。理由は……だからである」と自分の考えを表明していく読み方である。筆者の意図した順序性でよい、納得できない部分もある、どちらの立場を取ってもよい。なぜそのように判断したか、根拠と理由を伴って考えを表明することで、事例（「工夫」）への深い理解、認識は促される。

このように、〔2―A〕、〔2―B〕の批判的読みは、「確認、具体化する」読みに差し込まれることによって、内容・情報や筆者の発想への認識をより深く、多角的に捉えることに通じる。

第三次　「（筆者の発想、主張に対する）自分の考え・意見をつくる」〔3―B〕及び「（筆者の発想、主張をもとに）自分の発想・世界を広げる」〔3―C〕段階

第三次は、「（筆者の発想、主張に対する）自分の考え・意見をつくる」読み〔3―B〕と「（筆者の発想、主張をもとに）自分の発想・世界を広げる」読み〔3―C〕の二つの学習活動を設定した。第二次で行った批判的読みをまとめ、活用し発展させていく段階である。筆者の発想、主張へと再度（新たに）向かっていく方向の学習〔3―B〕と、筆者の発想を踏まえながら自分の見方や考え方を拡張していく方向の学習〔3―C〕というふうに位置付けることもできる。「自分の考えをつくる」という点での共通性をもたせるために、第二次での2―Bと対応させ、3―Aと表記せずに敢えて3―Bとした。

〔3―B〕の「（筆者の発想、主張に対する）自分の考え・意見をつくる」ことを行い、続いて〔3―C〕の「（筆者の発想、主張をもとに）自分の発想・世界を広げる」ことへと展開することでより充実した学びになると考えられる。しかし、この段階においても、「学習指導過程モデル」図の注（＊）に示したように授業時数、学習者や授業者の実態との関係で、〔3―B〕のみまたは〔3―C〕のみの学習で単元を終了してもよいこと

としている。

　先に取り上げた「すがたをかえる大豆」の実践例では、二時間を充て「わたしの家の食べ方」について書く活動を設定している。具体的には以下の二つの内容である。

①本文に出てきた「おいしく食べるくふう」による食べ物、食品のうち、どれが我が家の食卓にはよく上がるかについて「はじめ―中―終わり」の構成で書く。

②書いた文章を読み合ったり、紹介し合ったりする。

　これは、〔3―C〕の「（筆者の発想、主張をもとに）自分の発想・世界を広げる」読みを展開させたものである。〔3―B〕の「（筆者の発想、主張に対する）自分の考え・意見をつくる」読みを行わない形の単元構成としている。たとえば結論部にある「大豆のよいところに気づき、食事に取り入れてきた昔の人々のちえにおどろかされます」とする筆者の主張に納得するかどうか考える学習活動が設定されれば、〔3―B〕の「（筆者の発想、主張に対する）自分の考え・意見をつくる」読みを位置付けたことになる。

　図2―1に示した「学習指導過程モデル」は、あくまで批判的読みのあり方の要素を網羅したものとしての基本的な学習指導過程モデル（基本型）である。単元構想を可変的に、容易に行うための足場、単元（授業）を開発するための足場として活用するものである。実際の授業づくりに当たっては、第二次と第三次に設定された読み（学習活動）をどのように組み合わせて単元を構成するかが課題となる。

　以下では、図2―1に示した「学習指導過程モデル」を構築するもとになった緒論の検討を行う。

3　「学習指導過程モデル」を構築するための枠組みの検討

(1) 前提としての学習指導過程論との対応

批判的読みの基本的な学習指導過程（「学習指導過程モデル」）を構築するに際しては、その前提として学習指導過程一般のあり方と、それを受けての説明的文章の学習指導過程のあり方を検討した。ここではそれぞれの代表的な先行研究として広岡（一九七二）、吉川（二〇〇二）を取り上げる。

これらの先行研究における学習指導過程のあり方と、先に提示した「学習指導過程モデル」（図2―1）との対応を整理したものが表2―1である。広岡（一九七二）は、学習の目標を基礎目標と高次目標の二つに大別し、目標に即した学習過程が最適化されるべきことを主張した。広岡の言う基礎目標とは、知識（技術）内容の習得だけを目指すものであり、高次目標とは知識内容の習得とともに知識過程の能力の形成をも目指すものである[10]。広岡は高次目標に即する最適な学習形態としての主体学習に当てはめ、その学習過程の段階を「ズレの感知→つきつめる→新たな立ち向かい」と措定した[11]。

また吉川（二〇〇二）では、この広岡の考え方を説明的文章の学習に援用し説明的文章の基本的な学習指導過程を低・中・高学年別に仮説的に設定した。たとえば三・四年の場合では、

表2－1　学習指導過程の対応

<table>
<tr><th colspan="2">学習の段階</th><th>第１次</th><th>第２次</th><th>第３次</th></tr>
<tr><td colspan="2">広岡（1972）の
学習過程</td><td>〈感覚的把握〉
ズレの感知</td><td>〈本質的把握〉
つきつめる</td><td>〈現実的把握〉
新たな立ち向かい</td></tr>
<tr><td rowspan="3">吉川
(2002)
の学習
指導
過程</td><td>1・2年</td><td rowspan="3">既有知識とのズレを
「知る」</td><td>内容と論理を「つなぐ」</td><td>内容と論理を「いかす」</td></tr>
<tr><td>3・4年</td><td>筆者の発想や考え方を
「探る」</td><td rowspan="2">自己の発想や考え方を
「広げる」</td></tr>
<tr><td>5・6年</td><td>筆者の発想や考え方を
「探る」＋筆者の発想や
考え方を「つきつめる」</td></tr>
<tr><td colspan="2" rowspan="2">説明的文章の
批判的読みの
基本的な学習指導
過程モデル
（図2－1）</td><td rowspan="2">文章の内容や形式について
「納得・疑問などの
感想をもつ」</td><td>「筆者の発想（＝考えや
表現意図）を探る」</td><td>筆者の発想、主張に対する
「自分の考え・意見を
つくる」</td></tr>
<tr><td>（筆者の発想の現れである）
文章の内容や形式に対する
「自分の考えをもつ」</td><td>筆者の発想、主張をもとに
「自分の発想・世界を広げる」</td></tr>
</table>

第一次から順に「既有知識とのズレを知る―筆者の発想や考え方を探る―自己の発想や考え方を広げる」と設定している[12]。

第一次は内容面の確認読みを行うことが中心の学習であるが、広岡の「ズレの感知」に対応させて「既有知識とのズレを知る」となっている。当該テクストの情報は何が自分にとって新奇であるかを初読、通読段階で意識させようとしたものである。

第二次では、広岡が「つきつめる」とした学習行為を「筆者の発想や考え方を探る」ことに定めている。要点、要旨を読むことを中心とせず、筆者の認識のありようを読むことを説明的文章の学習の主要な内容とした。そして最終第三次では、広岡の「新たな立ち向かい」に対応させて「自己の発想や考え方を広げる」段階としている。第二次で筆者の認識のありようを検討し、自分とは違う異質な見方や考え方（発想）に触れたことを受けて、自己の見方、考え方を対象化し拡充させることを意図したものと捉えることができる。

五・六年の第二次の学習では、三・四年にもあった「筆者の発想や考え方を探る」学習に加えて「筆者の発想や考え方をつきつめる」学習が位置付けられている[13]。いわゆる「筆者を読む」ことが中学年よりも強化されていることがうかがえる。しかし、一・二年については「既有知識とのズレを知る―内容と論理をつなぐ―内容と論理をいかす」という流れが設定されており、内容面の確認読みを想定したものとなっている[14]。こうして見ると、吉川が主張した説明的文章の学習指導過程では、中学年以上では批判的読みの観点が部分的に意識されていたことが認められる。ただし、批判的読みとしての学習活動相互の関連、効果は必ずしも綿密であったり、意図的であったりはしていない。

「学習指導過程モデル」ではこうした先行研究の考え方を援用したり、その不十分さを踏まえ補ったりする形で学習指導過程を設定した。具体的には、第一次段階では既有知識とのズレの感知に対応させ「（文章の内容や形式について）納得・疑問などの感想をもつ」〔1―X〕とし、第二次段階では本質をつきつめること、すなわち説明的文章の読みの中核的な学習内容としての「筆者の発想を探る」読み〔2―A〕や「自分の考えをもつ」読み〔2―B〕を位置付けた。さらに第三次段階では、新たな次元へ立ち向かい、学んだ内容を活用、発展させることに対応させ「（筆者の発想、主張に対する）自分の考え・意見をつくる」読み〔3―B〕と「（筆者の発想、主張をもとに）自分の発想・世界を広げる」読み〔3―C〕の二つの読み（学習活動）を置いた。

(2) 森田信義（一九八九、二〇一一）の評価読みの学習指導過程モデルとの対応

批判的読みそのものの学習指導過程モデルの先行研究としては森田信義（一九八九、二〇一一）がある。表2―2に森田の学習指導過程論の特徴を整理した。森田（一九八九）は、何が、どのように書かれているかを文章に即して理解し、確認する読みを「確認読み」と呼び、それと対比する形で批判的読みに該当する読み方を「評価読み」と呼んだ。そのうえでこれら両者の読みの関係を指導過程に対応させて「評価の構えづくり―確認の読み―評価の読み」として示した[15]。しかし、大枠として

表2－2　森田(1989、2011)における評価読み（批判的読み）の学習指導過程のあり方

段階	第１次	第２次	第３次
森田（1989）	評価の構えづくり	確認の読み	評価の読み
森田（2011）	評価　＞　確認	評価　＜　確認	評価　＞　確認
	題名読み＋全文読み(1)(2) ＋学習課題づくり	教材の部分読み（精読）	教材の全体読み（まとめ読み） ＋発展活動
	読みの過程で生まれる反応 （プラス面、疑問、意見反応） の重視	—	学習課題の解決過程及び結果の吟味・評価。教材に対する吟味・評価のまとめ （評価文、批評文の作成）
	読み手の論理の重視	教材の論理の重視	読み手の論理の重視

の提示であるため、これだけでは実際の学習指導過程は設定できない。

その後、森田（二〇一一）は評価読みは確認読みと無関係ではないこと、両者は絡み合って実際の読みは進行すること[16]と述べたうえで、評価読みの学習指導過程は「評価」―「確認」―「評価」という枠組みをもつとした[17]。また、読みの進行過程における「確認読み」と「評価読み」の関係を「題名読み、通読段階―精読段階―まとめ読みの段階」という読みの活動の流れと対応させて、不等号を用いて「評価∨確認」―「確認∨評価」―「評価∨確認」のようになるとした[18]。先の、両者は絡み合って実際の読みは進行することを示そうとしてはいるが、まだ具体的ではない。題名読み、通読段階では、読者としての素直な読書反応が保障されることを意図して「評価読み」の割合が高くなること、精読段階は本論の内容把握を行うため「確認読み」が中心となること、まとめの読みの段階では、これまで読んできたことを振り返り全体的に評価する活動が位置付くことなど、各段階での学習活動を想定したことによる不等号での読み方の比重提示だと推察される。また、これを教材の論理、読み手の論理という観点で捉えると、読み手―教材―読み手の流れになるとしている[19]。

「学習指導過程モデル」（図2―1）との対応では、第一次段階は文章に対する読者の反応を重視する点で符合している。また第三次段階も読者の論理を重視する点では共通性をもたせているが、森田では文章の評価、批判のまとめの性格が強く、文章に向かう方向での読みが中心である。「学習指導過程モデル」では「（筆者の発想、主張をもとに）自分の発想・世界を広げる」という文章から離れる方向での読みも設定した。

森田のモデルで検討すべきは、第二次段階が確認読みベースになっている点である。森田の言う両者が絡み合う、評価読みが確認読みを内包するとした感覚的な読み（学習活動）のあり方が今ひとつ判然としない。「学習指導過程モデル」では吉川（二〇一七）の批判的読みのあり方の考え方[20]に基づき、筆者を読むことと筆者を相対化し自己の読み及び論理を形成することの二つを置き、確認読みレベルの読みは「（内容、表現のあり方を）確認、具体化すること」と明示して関係性を表す形とした。二つの批判的読みのあり方も、順序性を可変的なものとして示した。

〈注〉
本節の内容は、吉川芳則（二〇二二）「説明的文章の読みの学習指導過程構築の観点」『言語表現研究』、第三七号、兵庫教育大学言語表現学会、一―一二頁に基づいている。

〈参考・引用文献〉
1 吉川芳則（二〇一七）『論理的思考力を育てる！批判的読み（クリティカル・リーディング）の授業づくり――説明的文章の指導が変わる理論と方法――』明治図書、九九頁
2 同右書、一〇〇頁
3 広岡亮蔵（一九七二）『学習過程の最適化』明治図書
4 吉川芳則（二〇〇二）『小学校説明的文章の学習指導過程をつくる――楽しく、力のつく学習活動の開発――』明治図書
5 森田信義（二〇一一）『「評価読み」による説明的文章の教育』溪水社
6 1に同じ、三八―四四頁
7 寺井正憲（一九九二）「批判的な読みの理論の検討――実践的立場から理論構築の在り方を考える――」『月刊国語教育研究』、No.二三九、日本国語教育学会、四六―五一頁
8 1に同じ、一一八―一二三頁
9 森田信義（一九八九）『筆者の工夫を評価する説明的文章の指導』明治図書
10 3に同じ、五一―六四頁
11 3に同じ、一〇一―一〇二頁
12 4に同じ、一七八頁
13 4に同じ、一七八頁
14 4に同じ、一七八頁
15 9に同じ、七九―八二頁
16 5に同じ、三二頁
17 5に同じ、九三頁
18 5に同じ、三二―三三頁
19 5に同じ、九三―九四頁
20 1に同じ、三八―四四頁

2 「批判的読みの基本的なあり方」図との連動

1　学習活動開発の起点となる「批判的読みの基本的なあり方」図（吉川、二〇一七）

批判的読みの授業づくりについて論じた前著、吉川芳則（二〇一七）では「批判的読みの基本的なあり方」を構造的に図示した（本書四六―四七頁、図2―2）[1]。これは、批判的読みの学習活動を開発するための地図のような役目を果たすものである。

図は〔1　読みの目的・ねらい〕〔2　読み・検討の観点〕〔3　読み・検討の対象〕と「X　文章（ことば、論理）への主体的、積極的な反応」の四つのセクションからなっている。教材文の特性のどういった点に着目すればよいのか（2及び3）、学習者や授業者の批判的読みに関する経験値や実態に基づくと、どのような批判的読みを目指せばよいのか（1及び2）といったことを踏まえて、批判的読みに関する教材研究をしたり学習活動を考案したりすることの導きになることを期待したものである（詳しくは、前著を参照されたい）。

この図の利点は、批判的読みを授業に取り入れようとしても、「批判的読みとはどんなことをするのか」「教材文のどこを取り上げるのか、どのように読ませることができるのか」などの実践上の疑問や不安を解消するための手がかりを、不十分ながらも示せたことではないかと考えている。

一方で課題としては、後述するが、単発的にというか、「よし、これで」という批判的読みの学習活動を見いだすことはできたとしても、それを単元の流れ、授業展開のなかでどのように位置付け、効果的な批判的読みを実現すればよいかという道筋は、じゅうぶんに示せていないということがあった。点もしくは面としての批判的読みの学習活動の開発は促せても、線としての批判的読みの充実にはまだまだ応えられていなかった。

本書で提案している「説明的文章の批判的読みの基本的な学習指導過程モデル」（「学習指導過程モデル」）は、主に「線としての批判的読みの充実」に対応するものである。が、これ単独では効果的に機能しない。「点もしくは面としての批判的読みの学習活動の開発」と連動してはじめて、実践に生きて働き、児童生徒にも授業者にもわかりやすい批判的読みの授業が実現する。吉川（二〇一七）の「批判的読みの基本的なあり方」図と突き合わせて、批判的読みの学習指導過程の開発に取り組んでいただければと思う。

2 「批判的読みの基本的なあり方」図と「学習指導過程モデル」とを連動させて

(1) 「批判的読みの基本的なあり方」図に基づく教材の特性の把握

「批判的読みの基本的なあり方」図と「学習指導過程モデル」とを連動させた授業づくりの一つのあり方として、中里博子教諭（実践当時、宮城県仙台市立柳生小学校）の「プロフェッショナルたち」（東京書籍、六年）の例を紹介したい（本実践の詳細については、Ⅲ 批判的読みを位置付けた学習モデル」でも述べている）。

中里教諭は、はじめて批判的読みを位置付けた実践を行うに際し、表2―3にあるような枠組みで本教材の特性を捉えようとした。「批判的読みの基本的なあり方」図のなかでは、〔3 読み・検討の対象〕が教材分析を行う際の直接的な観点となる。本実践では、中里教諭は「内容面」の「a 内容・特質」、「形式面」の「f 説明の分量」と「i ことば・表現」に着目して、批判的読みにつながる教材の特性を見いだしている。

〔3 読み・検討の対象〕

（筆者の発想）

内容面

a 内容・特質

b 種類

c 価値

d 共通点・相違点

e 答え・主張・意見

形式面

f 説明の分量

g 順序

h 論の展開

i ことば・表現

j 図表・絵・写真等

世界観

k 動機

l 見方・考え方

・序論部

◎本論部

・結論部

・題名

・文章全体

積極的な反応

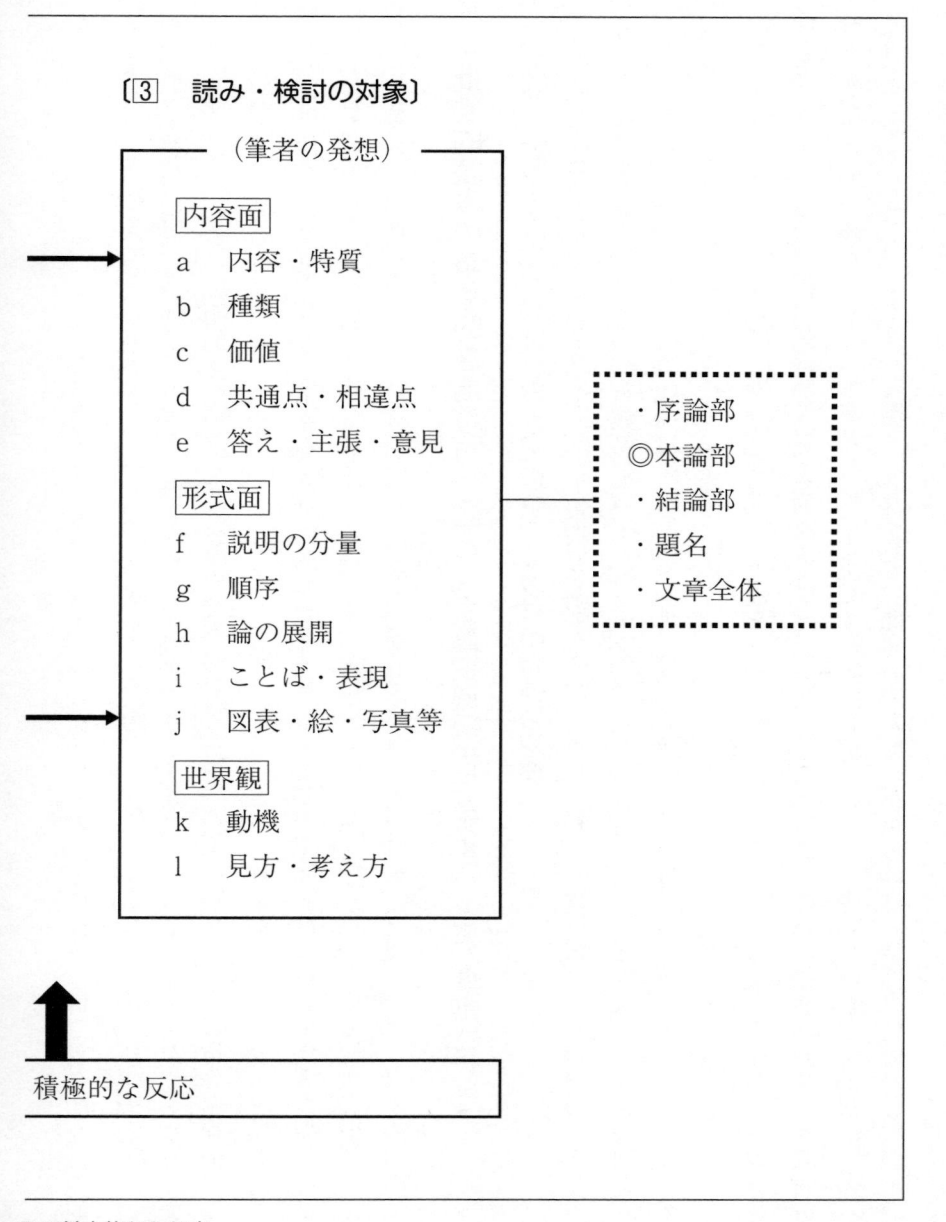

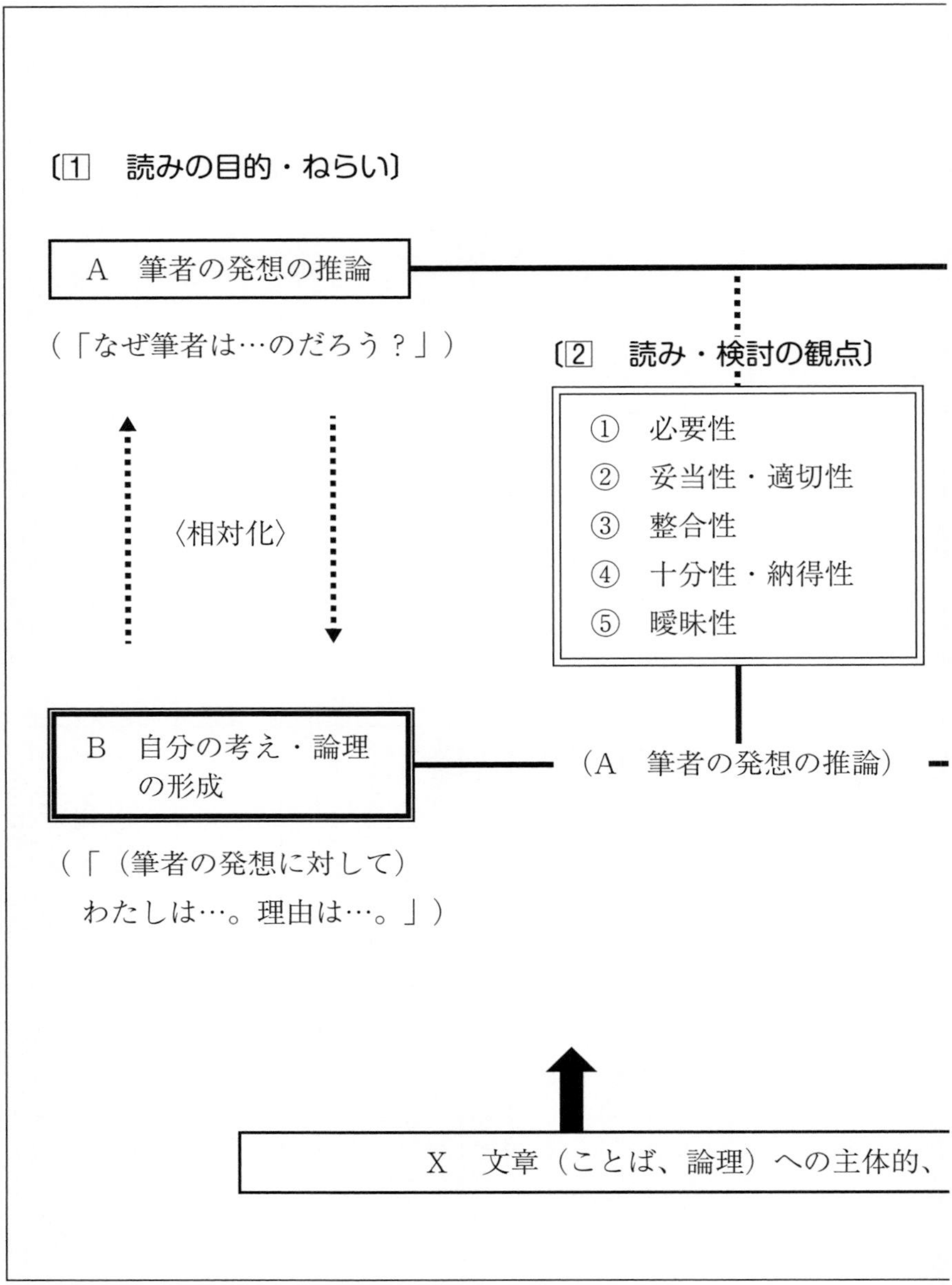
〔1　読みの目的・ねらい〕
A　筆者の発想の推論
（「なぜ筆者は…のだろう？」）
〈相対化〉
B　自分の考え・論理の形成
（「（筆者の発想に対して）わたしは…。理由は…。」）
〔2　読み・検討の観点〕
①　必要性
②　妥当性・適切性
③　整合性
④　十分性・納得性
⑤　曖昧性
（A　筆者の発想の推論）
X　文章（ことば、論理）への主体的、

図2－2　批判的読

表２－３　「批判的読みの基本的なあり方」図に基づく「プロフェッショナルたち」（東京書籍６年）の教材の特性（中里博子教諭作成、学習指導案では横書き）

	対象	①海獣医師　勝俣悦子	②板金職人　国村次郎	③パティシエ　杉野英実
i ことば・表現	人物紹介	海外からも注目 日本で初めて成功 パイオニアの一人	知る人ぞ知る 小さな町工場 十一人を束ねる工場長	ほかのどこにもない菓子 だれも見たことのない 全てが新しい
f 説明の分量	事例のページ数	約二．五ページ	約二．五ページ	約三ページ
	「○○が考えるプロフェッショナルとは」	四行	三行	十行
	写真の数	大一、中一	大一	大二
a 内容・特質	きっかけ	子供のころから、大の動物好き	たまたま出会った仕事 先輩が…さそいに来た	中学二年の誕生日
	時間の経過	十年目の冬	半世紀近く／入社の翌年／数年続いた後	二十五歳で／ラブレターが四年目に入ったある日
	序論の問いに対する答え 「どんな発想」「どんな試行錯誤」	たのみこみ／全くちがった／手さぐり／迷い／手おくれ／落ちこんでいるひまはなかった／自分で決める／覚悟／必死、必死／くり返した／せめなければ道は開けない／責任	たまたま／「やっていけるかな。」／早く一人前になりたかった／一日中／まめだらけ／迷わず飛びこんだ／何でも作った／「できない」は口に出さない／どんなに難しくてもけん命に取り組んだ／危機感／必死で／歯を食いしばって／頭からはなれず／もう断ろう／「最後までやるしかない。」／試行錯誤を続ける／ヒントに	自分を高める／フランスに飛ぶ／雑用ばかりおし付けられた／店に飛びこみ／うでも実績もない／相手にされない／あきらめきれない／修業先を転々と／手紙を書き続ける／一方通行／四年目／気がついた／知る／「あたりまえを積み重ねると特別になる。」／果てしなきたたかい／いっさいの妥協も許さない／没頭

表では先に書いている形式面の「i　ことば・表現」の項目としては「人物紹介」を挙げている。これは、三人のプロフェッショナルの仕事への向き合い方を順次紹介しながら、「仕事のおく深さ、働くことのだいご味」を考えさせようとする本教材の特徴を意識したからこその項目設定である。「①海獣医師　勝俣悦子」についての記述では「海外からも注目」「日本で初めて成功」「パイオニアの一人」を、この人物を概括的に捉える際のキーワードとしたいという願いが見て取れる。

同じく形式面での「f　説明の分量」の項目としては「事例のページ数」「〇〇が考えるプロフェッショナルとは」「写真の数」の三つを設定した。「〇〇が考えるプロフェッショナルとは」というのは、三人それぞれの紹介（説明）の最後に、それぞれが一人称で語る枠囲みになっている文章である。これらを見ると、三人目の「③パティシエ　杉野英実」が、三つとも分量が多いという特徴をはっきり見いだすことができる。「なぜ三人目の杉野だけが多いのか」という素朴な問いが生まれてくる。批判的読みの観点になりそうである。

内容面の「a　内容・特質」に関する項目としては「きっかけ」「時間の経過」「序論の問いに対する答え」を設けている。前者二つは、三人に共通している本教材の述べ方の特徴である。三つめの「序論の問いに対する答え」の項目については、本教材の序論部で「時代の最前線にいる『プロフェッショナル』たちは、どんな発想で、斬新な仕事を切り開いているのか」「これまでどんな試行錯誤を経て成功をつかんだのか」という問題提示がなされていることとの対応でどのように記述されているか、ということを把握しようとしたものである。ここが内容を捉える際の中核となる。

「学習指導過程モデル」の第二次段階では、批判的読み〔2―A、2―B〕と常に相互作用するものとしての「（内容、表現のあり方を）確認、具体化する」読みの活動を置いた。この「確認、具体化する」読みの際に捉えるべきキーワードが、ここに挙げられているというふうに見ることもできる。

批判的読みの観点からは、たとえばこの項目に挙げられている「せめなければ道は開けない」「責任」（勝俣）、「最後までやるしかない」（国村）、「果てしなきたたかい」「いっさいの妥協も許さない」（杉野）などのことば（表現）を敢えて使って述べようとした筆者の考え、意図は何か、考える手がかりともなる。

(2) 「批判的読みの基本的なあり方」図の観点を取り入れた学習指導案の作成

「批判的読みの基本的なあり方」図と「学習指導過程モデル」とを連動させた授業づくりのもう一つの取り組み例として、兵庫県小野市立下東条小学校における学習指導案を紹介する。当校では四年前から吉川（二〇一七）にある批判的読みの考え方を参考にして説明的文章の授業研究を進めている。「批判的読みの基本的なあり方」図をもとに授業づくりに積極的に取り組んでおり、三年めからは学校独自の発案で、図にある要素を学習指導案の「本時の学習」の部分に意図的に位置付けるようになった。

当校の堀江紗也香教諭の「アップとルーズで伝える」（光村図書、四年）の第二次第⑤時の学習指導案では、図2―3のように記している。「本時の学習」の部分は、(2)の「めあて（目標）」から書くのが一般的である。当校では、「めあて（目標）」を記す前の部

5　本時の学習（第2次　第5時）

(1)　批判的読みの分類

読みの目的・ねらい	読み・検討の観点	読み・検討の対象
A　筆者の発想の推論	①　必要性 ②　妥当性・適切性	内容面　c：価値

(2)　めあて

「アップ」と「ルーズ」の良い点と問題点の両方を書いた筆者の意図を考えることができる。

図2－3　4年「アップとルーズで伝える」の学習指導案における記載

分に「(1)　批判的読みの分類」として、右下図のような枠組みを設けるようにした。

図2―2にある三つのセクション（〔1〕読みの目的・ねらい〕〔2〕読み・検討の観点〕〔3〕読み・検討の対象〕）を枠組みとして置いただけのシンプルなものである。が、この枠組みの内容を埋めようとすると、図にある要素と教材本文とを積極的につなげることになる。

本授業の場合は、「A　筆者の発想の推論」を〔1〕読みの目的・ねらい〕とする授業にしようと大枠を決め、本論部についての〔3〕読み・検討の対象〕は「内容面」での「c　価値」で本文に向かわせる、その際の〔2〕読み・検討の観点〕は「①　必要性」と「②　妥当性・適切性」で迫る、という具合に批判的読みの方針が定まる。

批判的読みの学習活動のあり方を明確に（一つに）絞ることになる、という意味でも効果的である。

こうした図に基づく批判的読みのあり方の決定を受け、授業では「なぜ筆者は『アップ』と『ルーズ』の良い点と問題点の両方を書いたのか考えよう」という学習課題で授業を構成・展開している。「学習指導過程モデル」における、〔2―A〕「筆者の発想（=考えや表現意図）を探る」読みである（本実践の詳細については、〔Ⅲ〕批判的読みを位置付けた学習モデル」でも述べている）。

二つの実践例にもあったように、「学習指導過程モデル」によって「線としての批判的読み」の充実を図るためには吉川（二〇一七）で示した「批判的読みの基本的なあり方」図に基づく「点もしくは面としての批判的読み」の教材分析、学習活動の開発が必要となる。両者が連動し合う授業づくりが重要である。

〈参考文献〉

1　吉川芳則（二〇一七）『論理的思考力を育てる！批判的読み（クリティカル・リーディング）の授業づくり――説明的文章の指導が変わる理論と方法――』明治図書、三八―四一頁

3 「学習指導過程モデル」を用いた教材研究1
――小学校四年「くらしの中の和と洋」（東京書籍）――

本節では、批判的読みの観点から教材文を読もう、捉えようとすると、どのようになるのか、「学習指導過程モデル」に即して述べる。これによって「学習指導過程モデル」を理解するための一助としたい。

まずは、小学校四年「くらしの中の和と洋」（東京書籍）の場合である。

1 （文章の内容や形式について）納得・疑問などの感想をもつ 〈1―X〉・第一次段階

(1) 題名読みにおける批判的読み

題名の「くらしの中の和と洋」から、どんな事柄が書かれているか予想してみる（題名読み）。和食、洋食ということばなら、レストランに行った際のメニューで見ることも多い。割合馴染みはある。和服、洋服については、普段着ているものすべてが洋服であるし、こちらは区別への意識は低い。和室、洋室についても、よく似た感じかもしれない。マンションや近年の一戸建てでも、洋室ばかりということも多い。部屋とはイコール洋室のことである。児童は、旅行先で泊まった部屋が和室の際に、「和」を認識するといった具合だろうか。くらしの中は「洋」に席巻されており「洋」で満ちあふれている。

題名の「くらしの中の和と洋」を見て「くらしの中に和とか洋とかの区別があるの？　大事なの？」と思う児童も多いに違いない。こうした率直な反応が多様に出されることも、初期段階の批判的読みとして好ましい。

(2) 通読後の感想における批判的読み

第①段落では、「『衣食住』のどれにも、『和』と『洋』が入り交じっています」と述べられている。「『衣』には和服と洋服」「『食』には和食と洋食」「『住』には和室と洋室」などの表現が続くので、「和」と「洋」のイメージは大まかにできる。ただ読者（児童）の生活のあり方によって、「衣食住」の三つのうち、すぐに思い浮かぶものとそうでないもの、納得度の高いものと低いものはある。

第②段落は、「『衣食住』の中の『住』を取り上げ、日本のくらしの中で『和』と『洋』それぞれの良さがどのように生かされているか、考えてみましょう」の問題（話題）提示に当たる一文のみである。ここで、なぜ「住」なのかなと疑問に思うこともあれば、「住」のことだけで説明されるんだなと構えをつくることもある。どちらも批判的読みの〔1―X〕のあり方である。

「中」の部分では、和室、洋室それぞれの良さを「部屋の中ですごすときのこと」と「部屋の使い方」の二つの観点から説明している。どちらの観点のことも、とくに目新しい情報ではない。が、畳の上での姿勢のことや和室での人どうしの間隔のこと、洋室が使用目的に応じたつくりになっていることなどについて、普段は意識することはない。それだけに「言われてみれば、なるほどそうだな」という感覚かもしれない。自分の生活における部屋での過ごし方や、その使い方に思いを巡らせることができたら、内容面での初読段階での反応としては批判的に読めているとしたい。

2 （内容、表現のあり方を）確認、具体化する　第二次段階

文章内容を確かめるためには、具体化して実感的に読むことが必要である。本教材のように暮らし（住まい）のことについて説明されているものについては、読者（児童）自身の生活とつなげて具体的に内容を想起

し伝え合うことが有効であるし、必要となる。たとえば第⑦段落には、「和室のたたみの上では、いろいろなしせいをとることができます」とあり、その例として以下のように述べられている（番号は引用者）。

①きちんとした場では正ざをし、②くつろぐときにはひざをくずしたり、あぐらをかいたりしてすわります。③ねころぶこともできます。

三つの姿勢が挙げられているわけだが、自分のこととして具体化させようとすると、①②③それぞれ、どのようなときにそうした姿勢を取っているのか、そしてそれはなぜなのか、説明させてみると面白い。

①ならどうだろうか。まず「きちんとした場」とは、どんな場か、である。自宅に和室があって、そこで来客に応対するような状況があれば該当するだろうか。別に自身でなくても、両親など家族がそうした行いをしている場を見たことがあれば、その経験でもよい。テレビ等で見たことでもよい。

②とか③なら、自身の経験はあるだろう。旅先の温泉宿の部屋であれば、いろんな姿勢で過ごしているはずである。なぜ、そうした姿勢を取るのか、「くつろぐ」とはどうすることなのかということと合わせて説明を求めたいところである。これらの他にどんな「くつろぐ」姿勢を取ることができるのか（取ったことがあるのか）も説明させたい。類似した例を挙げることで、そこで説明していることの本質が見えてくる。

さらには、これらがなぜ和室での過ごし方の良さだと言えるのか考えを聞いてみる。このことについて筆者は意見としては述べていない。同様に第⑪段落から始まる部屋の使い方の観点からの良さについても、和室、洋室それぞれどんな良さがあるのか、書かれていることに基づいて具体的に説明することができる。

3　筆者の発想（＝考えや表現意図）を探る　〔2―A〕・第二次段階

2の「確認、具体化する」読みが、第二次の精読段階の中心となる。が、そこに「筆者の発想（＝考えや表現意図）を探る」〔2―A〕の批判的読みが差し込まれることで、より深い「確認、具体化する」読みが実現することにもなる。〔2―A〕の「筆者の発想（＝考えや表現意図）を探る」読みを促す基本的な問いは「なぜ、筆者は、○○の事柄を（の形式＝書き方で）書いたのだろう」である。「批判的読みの基本的なあり方」図のAライン「筆者の発想の推論」に当たる読み方である。

たとえば、「批判的読みの基本的なあり方」図では、〔3 読み・検討の対象〕の「形式面」に「g 順序」を置いている。これは、本論部（「中」）の事例の順序のあり方を検討対象とすることを主に意図している。本教材に当てはめると、第③段落で、和室と洋室の違いを比べる観点として、「それぞれの部屋の中でのすごし方」と「部屋の使い方」の二つを示し、それぞれについて第④段落以降で述べている。その際、前者の「それぞれの部屋で過ごすとき」の良さについては、和室→洋室の順で書いている。しかし後者の「部屋の使い方」については、今度は洋室→和室の順で説明している。なぜ、筆者は後者についても、前者と同様に和室→洋室の順にしなかったのか。

変化を付けたかったのかもしれない（しかし、同様な並びとしたほうがわかりやすいのでは、とも思える）。別の理由として、最後（締め）に和室をもってきたかったからではないか。最後にくるものは印象に残るし、強調されている感じがする。筆者は和室の良さを実は積極的に主張したかったから、そのようにしたのでは…。こうなってくると、それぞれの事例の内容や述べ方を再度、確認する必要も出てくる。

4 〈筆者の発想の現れである〉文章の内容や形式に対する）自分の考えをもつ

〔2―B〕・第二次段階

説明的文章は、新しい情報や意見・主張を伝えようとするものである。そこには筆者特有の見方や考え方

（発想）が反映されていたり、述べられていたりする。**3**の〔2―A〕では、批判的読みの一つのあり方として、それを推論しようとするものを示した。しかし、大事なことは、そうした新情報や筆者の考えに対して読者である自分はどのように思ったか、考えたかである。自分の考えを形成し、自分の論理を構築していくための読みのあり方（読書行為）を習得させねばならない。〔2―B〕はそのためのものである。

3で、和室、洋室の事例の述べ方が、一つめの観点のときと二つめのときとでは逆に述べられているのはなぜか問いたいとした。たとえば、これに対して読者である自分はどう考えるか、ということである。考えの例としては、先に示したようなものがあるだろうか。

また「部屋の使い方」の良さについて、洋室の場合を第⑫段落で説明している。その最後に、筆者は「洋室は、その部屋で何をするかがはっきりしていて、そのために使いやすくつくられているのです」と述べている。多少部分的ではあるが、ここについてもそう思うか自分の考えを理由付きで聞いてみたい。筆者はその前のところで「それぞれの部屋の家具は、その部屋をより使いやすくするために置かれます」とは言っているが、そのことと部屋が「使いやすくつくられている」こととは別である。どういうところが「使いやすい」つくりと言えるのか、「使いやすい」つくりとはどのようなつくりのことを言っているのかなどを考えることで、筆者の言う洋室の使い方の観点での良さが具体化され、確かめられることになる。

5 （筆者の発想、主張に対する）自分の考え・意見をつくる　〔3―B〕・第三次段階

「終わり」の部分には、「はじめ」で提示した問題に対する答え、結果や、筆者の主張が示されることが多い。それらについてどう考えるかは問うようにしたい。本教材では、第⑭段落に「わたしたちは、その両方（和室と洋室のこと――引用者注）の良さを取り入れてくらしているのです」とある。これをそのまま読み流すので

はなく、「そうだろうか?」「本当か?」と問い直してみる。

「改めて考えてみるとそうだ」という納得もよい。そうとも言えるだろうが、読者（の住環境）によっては、和室の良さの活用は皆無だったり、じゅうぶん生かしてはいなかったりしている場合もある。そうしたことの交流により、「〇〇である場合には……」のように限定付きであれば納得できる、ということにもなる。全部を一括りにして早急な結論付けをしないことは、批判的思考として重要である。

6 （筆者の発想、主張をもとに）自分の発想・世界を広げる 〔3―C〕・第三次段階

読者である児童は、今回、「住」を例にした「くらしの中の和と洋」ということについての筆者の見方・考え方に触れた。それぞれなりに再確認したり、認識を新たにしたりしたことがあったはずである。それらをこの教材文の理解というレベルでとどめず、違った形での様々な表現活動のなかで生かすことで、より実感的で高次な認識となり、自身の世界観を広げることに培うことが期待できる。

本文の最終段落には「『衣』や『食』についても、くらしの中で『和』と『洋』それぞれの良さがどのように生かされているか、考えることができるでしょう」とある。こうした呼びかけに応えて調べ、表現することも〔3―C〕の学習になり得る。が、もう少し題材を絞り込む形で、「我が家の、和室と洋室の良さの取り入れ方を報告する」という学習を計画することもできる。筆者が示した「すごし方」「部屋の使い方」をそのまま説明する観点として使う。ただし説明する材料は、自身の家での実態である。筆者の結論（第⑭段落）の「その両方の良さを取り入れてくらしているのです」と同様になる場合もあれば、「和室の良さをほとんど取り入れていません」となる場合もあるだろう。いずれにしても、そうした自分の考え（主張）に説得力が出るように、我が家の暮らしの実態を見つめ直し、確認した事例を具体的に説明することを求めるようにする。

4 「学習指導過程モデル」を用いた教材研究2
――中学校二年「君は『最後の晩餐』を知っているか」（光村図書）――

1 （文章の内容や形式について）納得・疑問などの感想をもつ〈1―X〉・第一次段階

(1) 題名読みにおける批判的読み

この問いかけ型の題名を目にした生徒のなかには、「最後の晩餐」について、見たことも聞いたこともない者も少なからずいるかもしれない。本文の写真で「これなら見たことがある」という者もいるだろう。「知っているか」と問われているので、「知る」「知らない」どちらの答えであっても、その様々な度合いを交流することで、内容への期待は高まる。また、単純に「知る」「知らない」だけを尋ねているわけではないだろうと読んだ生徒は、何を「知っているか」と問うているのか、という疑問をもつことになる。こうした反応も、読みへの構えをつくることになる。

(2) 通読後の感想における批判的読み

筆者は「最後の晩餐」という絵画を分析的に見ている。直感や感覚に基づくような、いわゆる一般的に言うところの鑑賞というのとは異なる見方を提示している。こうした筆者の見方、捉え方について、新鮮な驚きをもつだろう。遠近法は聞いたことがあるかもしれないが、解剖学や明暗法を持ち込んで絵画を見ることなどは新奇な情報であるに違いない。一方で、そうした普通とは違う絵画鑑賞へのアプローチの仕方に違和感をもつ生徒もいることは予想される。両者の感想を交流することで、なぜ筆者はこのような見方をするのかという疑問につなげることもできる。

最終段落の筆者の主張「五百年も昔に描かれた名画は、二十一世紀の今も生きている。芸術は永遠なのだ」についても賛否あるだろう。通読後の読みとしてそれぞれの言い分を知っておくことは、初期段階の批判的読み（文章の内容や形式についての納得・疑問など）としては大切であるし、必要なことである。

2　（内容、表現のあり方を）確認、具体化する　第二次段階

本教材は、評論文として位置付けられている。守田庸一（二〇一五）は、評論とは「ものごとに対するより望ましい（より完全な／より正しい）評価を論証することによって、その評価に読者を同調させようとする文章」と定義している。そのうえで「授業では、学習者に〝筆者は、何に問題を見出し、いかなる立場や視点から、どのような思考の筋道を経て、何を訴えようとしているのか〟を読み取らせる必要がある」と述べている[1]。こうした読みの実現には、「学習指導過程モデル」の第二次段階に置いている「（内容、表現のあり方を）確認、具体化する」読みが求められる。

序論部の終わり（第④段落）で、「すばらしい絵の前に立つと、理屈ではなく、まず衝撃がやってくる。それから、じっくりと分析する。分析もまた、名画を味わう楽しみの一つである」と筆者は述べ、絵の分析について論じることを知らせる。よって本論部では、その分析のあり方を具体化して捉える読みを目指すことになる。

第⑤段落から⑯段落までの本論部の前半部分は、挿入されている絵図、「最後の晩餐」の絵の写真を参照しながら具体化して読むことが求められる。たとえば第⑧段落は、以下のようである（傍線、英字は引用者）。

人物は、三人ずつのグループと中央の人物というふうに分けて見ることもできる。中央の人物が何か言っている。その言葉が、[A]人々の動揺を誘い、ざわめきが広がる。静かな水面に小石を投げると丸い水紋が広がるように、隣の人物へ、さらに隣の人物へと、[B]動揺が伝わる。何かが、起こっている。この絵の[C]人物の構図から、そんなことが感じられる。

AやBの「動揺」「ざわめき」というのは、絵の中の誰の、どのような様子のことを言っているのだろうか。なぜそう言える（思う）のだろうか。また、Cの「人物の構図」とは、どのようなことを指しているのだろうか。こちらは、絵の全体と人物との関係、人物相互の関係などを読み取り、説明する必要がある。

このように抽象的に述べられていることを具体的に説明することで、筆者が言わんとしていることをつかむことができる。同時に絵の細部に目を向けることになり、分析的に見ることの第一段階を行うことにもなる。

第⑬段落の「まるで設計図のような絵」と筆者は言っているが、どういうことなのか。こうしたことを自分のことばで説明することも「（内容、表現のあり方を）確認、具体化する」読みとなる。

3　筆者の発想（＝考えや表現意図）を探る　〈2―A〉・第二次段階

前著の吉川（二〇一七）で示した「批判的読みの基本的なあり方」図の〈3 読み・検討の対象〉の「内容面」にある「a　内容・特質」と、〈2 読み・検討の観点〉の「① 必要性」を合わせると、たとえば第⑯段落の後にわざわざ一行空きを作って、第⑰段落から第⑳段落の本論部の後半部分（「最後の晩餐」の修復作業の内容と、それがもたらしたもの）を書いているのはなぜか、問うことができる。

筆者が提示した三つの分析観点（解剖学、遠近法、明暗法）については、第⑯段落で「レオナルドが究めた絵画の科学と、そのあらゆる可能性を目のあたりにできること。これが、『最後の晩餐』を『かっこいい。』と思わせる一つの要因だろう」と述べ、序論部で「私は、この絵を見たとき、なぜか『かっこいい。』と思った」（第④段落）と言っていることに対する一応の結論（理由）は得ている。それなのに、なぜ敢えて修復に関わることを一行空けてまで書いたかである。

このように筆者の意図を問うと、本論部後半（第⑰～⑳段落）の内容を検討せざるを得なくなる。筆者は第⑲段落で「確かに細部は落ちて、消えてなくなっている。しかし、そのためにかえって、絵の『全体』がよく見えるようになった」「絵画の科学を駆使して表現しようとしたものが、とてもよく見えてくる」と述べている。続く第⑳段落には「細部の描き込みのすごさに息をのんで（…中略…）この絵がもっている本当の魅力が『見えなかった』」とある。表現技法もさることながら、絵の全体を見ること、捉えることで、その絵の本当の価値が見えてくること、細部と全体とをつなげて、はじめて描き手の考えや意図を理解することができることを伝えたかったのではないか。とすれば、先に第⑯段落で「『かっこいい。』と思わせる」あくまで「一つの要因」と述べていたこともうなずける。

4 〈筆者の発想の現れである〉文章の内容や形式に対する）自分の考えをもつ〔2—B〕・第二次段階

守田（二〇一五）は、「論説・評論の読者は、筆者の言葉を鵜呑みにせず、自らの考えと突き合わせることによって、正誤や適否などを評価しながら文章を読み進める」と指摘した。これはまさしく学習指導過程モデルの第二次「〈筆者の発想の現れである〉文章の内容や形式に対する）自分の考えをもつ」読み〔2—B〕を行うことに他ならない。

3の項で検討した本論部後半を一行空きで書いたことに対してどう思うか問うてみる。内容面では、単に三つの分析観点〔解剖学、遠近法、明暗法〕の有効性だけにとどまらず、それらが「全体」のなかで生かされるという、別の（そして最も主張したかった）事柄が強調されてよい、納得できるという考えもあるだろう。一方、いくら「全体」を見ることが大事だとは言っても、やはり分析的な鑑賞方法に過ぎるのではないか、といった見方もあるかと思われる。形式面にしても、わざわざ一行空きにしているのは不自然だ、そのまま続けても違和感はない、といった見方をすることもあるだろう。逆に、はっきりと内容が区別されるのでわかりやすくてよいとする考えもある。

題名にしても、その「妥当性・適切性」の観点〔「批判的読みの基本的なあり方」図の〔2〕読み・検討の観点〕の②から問うてみたい。題名読みのところでも触れたが、少々わかりづらくないか。「知っているか」と問われても、どういう意味で尋ねられているのかわからない。本論部終盤の第⑳段落にあった「本当の魅力」というキーワードを使えば、「『最後の晩餐』（の本当の魅力）を知っているか」という意味なのだろうか。

もちろん、わざとわかりづらく、曖昧にしておいて、「どういうことなのだろう」と読者の興味を引こうと考えたのかもしれない。いずれにしても、こうした題名のあり方についても自分の考えをもたせ、自身が題名を付ける際に生かすようにさせたい。

5 〔筆者の発想、主張に対する〕自分の考え・意見をつくる 〔3―B〕・第三次段階

この段階の読みは、〔2―B〕と重なる部分もあるが、主に結論部の主張内容についての考え・意見を問うことになる。本教材の場合、第㉑段落の主張内容の「この絵を自分の目で見てほしい」「五百年も昔に描かれた名画は、二十一世紀の今も生きている」というのはわかる。が、最後の一文「芸術は永遠なのだ」は、飛躍しているのではないか。「最後の晩餐」の見方だとか、修復で浮上した新たなこの絵の捉え方とかについては、

論述によって納得できた。が、最後にこれで終わるのは、急に一般的で、ありきたりの文言での結論付けのようにも思える。絵画（芸術）の永遠性については、そこまで言及していないが、どうか。

本論部の最後の第⑳段落にある筆者の意見だが、「本当の『最後の晩餐』は二十一世紀の私たちが初めて見たのかもしれない」という一文についても、どのように思うか尋ねることもよい。理由とともに考えを表すなかで、筆者の言いたいことを再確認し、自分の考えを突き合わせることができるだろう。

6 （筆者の発想、主張をもとに）自分の発想・世界を広げる 〔3―C〕・第三次段階

筆者は、絵を三つの分析観点（解剖学、遠近法、明暗法）で分析的に見ること、そしてそれだけにとどまらず、絵の「全体」を捉えるなかでそうした観点を生かすことによって、その絵の「本当の魅力」、本質がわかるのだと主張した。こうした発想や世界観は、当然、他の絵画を鑑賞する際にも取り入れることができる。美術科の鑑賞学習と連携することが可能であるなら、実際に分析観点と全体との関係性で鑑賞した過程や結果をレポートに書く学習は成立する。

またこうした見方・考え方は、絵画の鑑賞だけでなく、他の事物・現象を捉えたり、検討したりする際にも活用できる。三つの観点すべてでなく一つだけであっても、どのような場面なら使うことが望ましいか、細部と全体との好ましい関係性がよく見えるか、日常生活や社会を取材して話し合い、自分の考えとしてまとめる学習へも広げられるかもしれない。

〈参考・引用文献〉

1　守田庸一（二〇一五）「論説・評論」高木まさき・寺井正憲・中村敦雄・山元隆春編著『国語科重要用語事典』明治図書、一三六頁

5 「学習指導過程モデル」を用いて批判的読みの実践のあり方をチェックする

「説明的文章の批判的読みの基本的な学習指導過程モデル」（「学習指導過程モデル」図2―1、三〇頁）は、批判的読みの学習指導過程を開発する作業のための拠り所となるものである。しかし、それだけにとどまらない。他者が作成した（または実践した）授業プランや実践のありようが、批判的読みの構成・展開のされ方としてどのような特徴を有しているのかを検討、チェックすることにも機能する。

たとえば、職員室で同僚から「批判的読みを取り入れた説明的文章の学習指導案を作ってみたんですけど、どうでしょうか」などと相談を持ちかけられることはしばしば起こる。そうした際に、「学習指導過程モデル」に対応させると、学習指導過程のどの段階で、どのような批判的読みの学習活動が、どのように行われようとしているのか（行われたのか）が把握でき、検討作業はしやすくなる。以下のような助言が出されることが考えられる。

・第一次の学習として通読後に「読んだ感想を書く」としているけど、「学習指導過程モデル」の〔1―X〕にあるように、「なるほどなあ」（納得）とか「どういうことなのかな」（疑問）などについて感想を書くようにしてもよいかもしれないね。

・第二次で「なぜ筆者は、本論部で三つの事例を述べているのか」という問いを立てて、批判的読みを行おうとしているのはいいね。「学習指導過程モデル」の〔2―A〕型の批判的読みになるね。モデルでは

「(内容、表現のあり方を)確認、具体化する」読みと関わらせるようになっているけど、そこはどんなふうにするのかな。

・第三次の学習を「まとめの感想を書く」とするのも一つのあり方だけど、第二次で「なぜ筆者は…」と筆者の意図や発想を探らせようとしたのだから、「学習指導過程モデル」にある〔3―B〕の「(筆者の発想、主張に対する)自分の考え・意見をつくる」ような学習が設定できないか、考えてみてもいいかもしれないね。結論部に筆者の主張がはっきりと書かれている教材文でもあるから。

「学習指導過程モデル」を下敷きにして、実践のあり方、状況を浮き出させ、指導の立ち位置、方針のようなものを意識できる。

そうした「学習指導過程モデル」の活用方法のあり方の一つとして、ここでは長崎伸仁(二〇〇八[1]、二〇一四[2])、河野順子(二〇一七)[3]に所収されている批判的読みの先行実践を対象に、批判的読みの学習指導過程の様相を「学習指導過程モデル」の内容に基づいて考察する。これらの先行実践は批判的読みの学習活動が意図的に配されており、実践の具体が把握しやすい代表的なものだと考えて取り上げた。

分析対象とした一五実践例のうち、学習指導過程の各段階における批判的読みの学習活動の設定状況は、第一次に設定された実践が二例、第二次に一二例、第三次に八例であった。三段階すべてに批判的読みの活

表2－4　第1次における批判的読みに関係した学習活動
(教材は光村図書・平成二七年度版)

学年	教材名	学習活動
5年	「見立てる」	特定の段落(第⑤段落)を省いた文章と全文を比較し、筆者が主張に説得力をもたせるための工夫を評価する。(「生き物は円柱形」とセットでの扱いとしての第1次の1時間のみで。)
5年	「天気を予想する」	既習教材を用いて、筆者が結論部分を言うためにそのような事例を出し、論理展開を工夫しているか考える。

動を位置付けている例はなかった。各段階における具体的な批判的読みに関係した学習活動及び「学習指導過程モデル」との対応のありようについて、以下段階ごとに述べることにする。

1　第一次段階における批判的読みの学習活動

表2—4は、第一次段階の学習活動の実態である。二例のみであった。「学習指導過程モデル」との対応で見ると「（文章の内容や形式について）納得・疑問などの感想をもつ」〔1—X〕というより、特定の段落を省いた文章や既習教材を提示し、筆者の表現、論理展開の工夫を評価させる等、第二次の精読段階における批判的読みを意図したような活動が配置されているものが見られた。五年「見立てる」の実践は、後続する「生き物は円柱形」のプレ教材として位置付けられているため一時間のみの扱いである。結果、筆者の表現方法の工夫に焦点を絞った形での読みを促す形となっている。読み（学習）の方向を示し、意識させる先行オーガナイザー的な効果を意図していると解されるが、もう一例の「天気を予想する」を含め、読みの初期段階から分析的な読みに傾斜している様相がうかがえ、批判的読みの観点に拠らずとも読み（学習）としての難度がいきなり高くなっていることも推察される。

2　第二次段階における批判的読みの学習活動

表2—5は、第二次段階の学習活動の実態である。ここでは、批判的読みの活動が配されていた一二例のうち、「学習指導過程モデル」の「筆者の発想（＝考えや表現意図）を探る」〔2—A〕、「〈筆者の発想の現れである〉文章の内容や形式に対する）自分の考えをもつ」〔2—B〕の読みがどのように設定されているのかを調べた。以下のとおりの結果であった。

表2－5　第2次における批判的読みに関係した学習活動及び「学習指導過程モデル」との対応（＊1は東京書籍・平成二七年度版、＊2は光村図書・平成二七年度版、＊3は光村図書・平成一七年度版）

学年	教材名	学習活動	「学習指導過程モデル」における学習活動との対応
3年	「自然のかくし絵」＊1	○事例の数や違いから説明の工夫や筆者の意図、考えを読み取る。 ○事例の並び方から説明の工夫や筆者の意図、考えを読み取る。	2―A
4年	「動いて、考えて、また動く」＊2	○事実と筆者の意見を分けて読み取り、筆者の説明の仕方の工夫について考える。	2―A
5年	「天気を予想する」＊2	○筆者の書き方の工夫を読み取る。	2―A
6年	「平和のとりでを築く」＊2	○第⑥～⑧段落が述べられている意図を考え、主張の意味を読み取る。	2―A
1年	「じどう車くらべ」＊2	・自動車博士（筆者）が書いた文章に納得できるか。	2―B
2年	「おにごっこ」＊2	・本文のよさや疑問点について話し合う。 ・特定段落（第⑤段落）の必要性について考える。	2―B
2年	「おにごっこ」＊2	・どのおにごっこが一番面白いかを、根拠を基にして発表し合う。	2―B
4年	「『ゆめのロボット』を作る」＊1	・前半の「マッスルスーツ」について説明した段落のあとに結論部分を書くとしたらどのように書くか予想する。 ・後半の「アクティブ歩行器」のあとに結論部分を書くとしたらどのように書くか予想する。 ・筆者は「マッスルスーツ」と「アクティブ歩行器」の事例をこのようにつないで結論部分を書いたが、自分ならどのように書くか考える。 ・筆者の結論部分を出して、納得できるか考える。	2―B
4年	「ウナギのなぞを追って」＊2	・第⑩段落と第⑪段落の矛盾に気付き、本文を書き直す。	2―B
4年	「ウナギのなぞを追って」＊2	・題名が「ウナギのなぞを追って」でよいか考える。	2―B
5年	「ゆるやかにつながるインターネット」＊3	・第①～⑦段落に結論（第⑩段落）を付け加えた文章に対し結論部分に納得できるか。 ・全文を読み、結論部分に納得できるか。	2―B
5年	「生き物は円柱形」＊2	○筆者が主張に説得力をもたせるための工夫を検討する。	2―A
		・「生き物は円柱形」であることを述べるためには、特定段落（第②段落）に示された人間の事例以外にどんな事例をあげたらよいか考える。 ・自分なりに考えた事例と筆者の事例を比較し、筆者の事例の取り上げ方や順序の工夫を批評する。 ・円柱形ではない例外も書く必要があるのか考える。 ・筆者の主張に納得できるか。	2―B

・「筆者の発想（＝考えや表現意図）を探る」〔2―A〕のみ配されているもの……四例
・「〈文章の内容や形式に対する〉自分の考えをもつ」〔2―B〕に当たる学習活動のみのもの……七例
・〔2―A〕、〔2―B〕両者の読みを位置付けたもの……一例

筆者の発想を推論することより自分の立場からの批判・意見・主張等を表明する読みを位置付けることを志向する実践が少なからず認められた。

実践例に見られる「筆者の発想（＝考えや表現意図）を探る」〔2―A〕の学習活動としては、本論部の事例に着目して、その数や内容の違い、配列の仕方から、説明の工夫、筆者の意図、考え方を捉えさせようとするもの（三年「自然のかくし絵」）、筆者の説明の仕方、書き方の工夫として読み取らせようとするもの（四年「動いて、考えて、また動く」、5年「天気を予想する」、六年「平和のとりでを築く」）が見られた。

「〈筆者の発想の現れである〉文章の内容や形式に対する）自分の考えをもつ」〔2―B〕の学習活動としては、納得できるか考えさせるものが、二年生の実践以外のすべてで見られた。納得できるかどうかの検討対象は文章全体（一年「じどう車くらべ」）、結論部分（四年「『ゆめのロボット』を作る」、五年「ゆるやかにつながるインターネット」）、題名（四年「ウナギのなぞを追って」）であった。ただ問い方にもよるだろうが、一年生に文章に納得できるかどうかを考えさせるのは漠然としており、難しい学習活動であった可能性もある。

また、筆者の立場に立たせて文章を書かせるタイプの活動もあった。結論部分を自分ならどのように書くか（四年「『ゆめのロボット』を作る」）、本文の内容を書き直す（四年「ウナギのなぞを追って」）などである。さらには特定段落の必要性について考えることや、どの事例が一番面白いかを根拠を基にして発表し合うことなど、自分の考えを前面に出させていくものもあった（いずれも二年「おにごっこ」）。

〔2―A〕、〔2―B〕両者の読みを位置付けた学習活動としては、〔2―B〕から〔2―A〕の流れを取る一

例（五年「生き物は円柱形」）であった。〔2―B〕のものには、他の事例を考える、記述内容の必要性を検討する、納得できるか考える、筆者の述べ方を批評するなどが置かれていた。〔2―A〕としては、筆者の書きぶりの工夫を検討する学習活動であった。

これら〔2―B〕型の学習活動は、自己主張的な読み（学習）になるため、学習者は取り組みやすく自分の考えをつくりやすい利点がある。しかし、恣意的な読みに陥りがちであったり、自分とは異質な、検討すべき筆者の認識内容・方法を敬遠することになったりする危うさに通じる可能性がある。もちろん学習者、授業者共に批判的読みへの習熟度合い（レディネス）によって授業づくりのあり方は変わる。また変わってよい。〔2―B〕の観点での学習活動のほうが構想しやすい教室もあれば、〔2―A〕型のほうが取り組みやすい教室もある。気を付けねばならないのは、その教室での読み（学習）のあり方がどちらかばかりに偏ってしまうことであり、偏っていることへの授業者の自覚がなく、それでじゅうぶんなのだと思い込んでしまうことである。そうした無自覚な状況から脱却するための道具、指針として「学習指導過程モデル」が活用されることも願っている。

3　第三次段階における批判的読みの学習活動

表2―6は、第三次段階の学習活動の実態である。ここでは批判的読みを位置付けた八例のうち七例が「（筆者の発想、主張に対する）自分の考え・意見をつくる」〔3―B〕学習活動であった。「（筆者の発想、主張をもとに）自分の発想・世界を広げる」〔3―C〕学習活動は認められなかった。一例（二年「おにごっこ」）は「本文の順序の特徴について話し合う」とする、第二次段階に位置付けられることが多い学習活動が第三次に配されていた。

学習活動を具体的に見ると、七例のうち題名を書き換える（二年「たんぽぽ」、「たんぽぽのちえ」）以外は、自分の考えを文章表現してまとめるタイプのものである。それらのまとめ方については、以下のようなものが見られた。

・文章にまとめる――四年「動いて、考えて、また動く」の二例

・批評文を書く――五年「生き物は円柱形」、五年「ゆるやかにつながるインターネット」

・意見文を書く――六年「エネルギー消費社会」

・「納得したかどうか」を自分なりに評価する――五年「サクラソウとトラマルハナバチ」

また、こうした表現方法でまとめる内容（検討対象）は次のようである。

・内容面……三例

筆者の考え――四年「動いて、考えて、

表2－6　第3次における批判的読みに関係した学習活動及び学習指導過程モデルとの対応（＊1は東京書籍・平成二七年度版、＊2は光村図書・平成二七年度版、＊3は光村図書・平成一七年度版、＊4は学校図書・平成一七年度版、＊5は東京書籍・平成一七年度版）

学年	教材名	学習活動	学習指導過程モデルにおける学習活動との対応
2年	「おにごっこ」＊2	本文の順序の特徴について話し合う。	（2―B）
2年	「たんぽぽ」＊1 「たんぽぽのちえ」＊2	「たんぽぽ」の題名を書き換える。	3―B
4年	「動いて、考えて、また動く」＊2	筆者の考えに対して、自分の考えをもち、文章にまとめる。	3―B
4年	「動いて、考えて、また動く」＊2	筆者が自分の考えを説明するための工夫を考え、自分の考えを文章にまとめる。	3―B
5年	「生き物は円柱形」＊2	筆者のものの見方・考え方、述べ方について批評文を書く。	3―B
5年	「ゆるやかにつながるインターネット」＊3	筆者の論理展開の工夫について批評文を書く。	3―B
5年	「サクラソウとトラマルハナバチ」＊3	全体に関わる問題提示文を再検討し、本文を読んで「納得したかどうか」を自分なりに評価する。	3―B
6年	「エネルギー消費社会」＊4「百年前の未来予測」＊5	筆者の論理構成のよさや欠落について指摘し、筆者に対する意見文を書く。	3―B

また動く」
筆者の見方・考え方――五年「生き物は円柱形」
本文を読んで――五年「サクラソウとトラマルハナバチ」

・形式面……四例

説明するための工夫――四年「動いて、考えて、また動く」
述べ方――五年「生き物は円柱形」
論理展開の工夫――五年「ゆるやかにつながるインターネット」
論理構成のよさや欠落――六年「エネルギー消費社会」、「百年前の未来予測」

「学習指導過程モデル」では、第三次の批判的読みのあり方を「（筆者の発想、主張に対する）自分の考え・意見をつくる」としている。どちらかと言うと内容的な観点での「自分の考え・意見」を求めているが、「筆者の発想」には、筆者の見方・考え方や論述の仕方のような要素も含まれる。当該実践で中心とした事柄に対応する形で、何を対象にして自分の考えや意見を書きまとめさせるのか決定することが望ましいと考える。

これらを見ると、文章と対峙して読んだ成果として自分の考えや意見を構築するに当たっては、文章世界に収斂していく方向にとどまり、文章世界を拡張していく方向のものには着手しにくい現状の一端がうかがわれた。この要因としては、一つの単元に多くの時間数を充てにくいことがあるだろう。さらには文章を「読み取る」という発想からなかなか離れられない授業者の意識の問題があると思われる。

このように「学習指導過程モデル」を手がかりにすると、当該学習指導過程の批判的読みの特徴、位置付けのありようが把握しやすい。これは裏返すと、モデルをもとにすると単元開発が容易になることを示すものである。

（注）

本節の内容は、吉川芳則（二〇二二）「説明的文章の読みの学習指導過程構築の観点」『言語表現研究』、第三七号、兵庫教育大学言語表現学会、一―一二頁に基づいている。

〈参考・引用文献〉

1　長崎伸仁編著（二〇〇八）『表現力を鍛える説明文の授業』明治図書
2　長崎伸仁・東京都調布市立富士見台小学校編著（二〇一四）『「判断」でしかける発問で文学・説明文の授業をつくる――思考力・判断力・表現力を共に伸ばす！――』学事出版
3　河野順子編著（二〇一七）『質の高い対話で深い学びを引き出す　小学校国語科「批評読みとその交流」の授業づくり』明治図書

Ⅲ

批判的読みを位置付けた学習モデル

小学校一年「いろいろな　ふね」（東京書籍・令和二年度版下巻）

1 「やく目」に対応した「つくり」の整合性、適切性を読む

＊「2」以降の本学習モデルは、I教諭の兵庫県K市立Y小学校における実践とその資料に基づいている。

1 「学習指導過程モデル」に基づく教材の特性

(1) （内容、表現のあり方を）確認、具体化したい箇所

本教材は一年生が読むものということもあり、文章量すなわち説明の量は少ない。簡潔な表現であるため事柄はわかりやすい。しかし、それらは表面的な理解にとどまりがちである。具体的にどのようなことなのか問うていかねばならない。

客船の場合、「たくさんの　人を　はこぶ　ための　ふね」とある。「たくさんの　人」とは、どれくらいの人かである。もちろん掲載されている写真にある客船では、ということになる。船の大きさ、窓の数などから想像してみる。それらはどんな人たちだろうか。家族連れ、お年寄り夫婦、若者グループなどもいるだろう。どれくらいの時間乗っているのだろうか。これらの「人」が具体的に捉えられてこそ、「ふねの　中には、きゃくしつや　しょくどうが　あります」が納得できる。これらの人たちは、どのようにして「きゃくしつで休んだり、しょくどうで　しょくじを　したり」しているのだろうか。船の中では「休む」「食べる」の他には何もしていないのだろうか。お客さんのための他の施設・設備には、どのようなものがあると考えられるだ

ろうか。

(2) 筆者の発想（＝考えや表現意図）を探ること〈2―A〉ができる箇所

一年生に筆者という語句は難しい。間接的に筆者の発想について考えることができればよい。「批判的読みの基本的なあり方」図における〔3〕読み・検討の対象〕の「形式面」「g　順序」に着目すると「どうして、この順番に書いてあるのかなあ（説明して、または登場しているのかなあ）」と問うてみることができる。続けて「別に漁船が一番で、客船が二番目でもいいのにねえ」と付け加えることもよいかもしれない。

「内容面」では「b　種類」の観点で「他にも船はいろいろ、たくさんあるのに、なぜこの四つ（四種類）なのかなあ」と問うてみる。四つでは多くて難しいようなら、一つに限定して「なぜ消防艇が紹介されているのかなあ」としてもよい。「かっこいいから」というような答えであったり、自分の考えで答えることになったりということになるかもしれない。が、厳密な答えを求めず、こうした観点での読み方に触れさせるという姿勢で臨みたい。

(3) 〈文章の内容や形式に対する〉自分の考えをもつこと〈2―B〉の対象

(2)で指摘したことについても、自分の考えをもつことができる。それ以外に内容面では、それぞれの船の役目に対して、本文に書いてあるつくり以外にもこんなものが備わっているはずだ（備わっていればいいな）と思うものを、理由とともに挙げることが考えられる。これは具体化の読みともなる。(1)の客船の例でも一部述べた。

消防艇の場合、役目は「ふねの　火じを　けす」ことであり、それに対応するつくりとして「ポンプや　ホースを　つんで　います」が示されている。この役目を果たすためには、あとどんなものが備わっていると考えられるだろうか。掲載写真の情報を手がかりに考えさせる。高い所に放水できるよう櫓のようなものがある。

横側にはいろんな方向へ放水できるようなものがある。大事なのは、役目と対応しているかどうかである。

(4) **〈筆者の発想、主張に対する〉自分の考え・意見をつくること〔3―B〕の対象**

一年生でもあるので、全部の船の役目とつくりについて読んできてどんなことを思ったか、まとめの感想を書かせることでも、〔3―B〕の観点の読みとなる。また、以下のように条件付きで書かせてみてもよい。

「『いろいろな　ふねが、それぞれの　やく目に　あうように　つくられて　います』と書いてありますね。あなたは、どう思いましたか。『そのとおりだ』『まあまあ、そのとおりだ』『そんなことはない』のうち、どれか選んで、なぜそう思ったか、教えてください」

筆者の認識内容について直接的に、限定的に問う形であるため、難しさも伴う。一案として示しておく。

(5) **〈筆者の発想、主張をもとに〉自分の発想・世界を広げること〔3―C〕の方向性**

登場した四つの船以外にもう一つの船を紹介するとして、本文の書きぶりに倣って「五番目の船」の事例を書く学習が考えられる。児童が船の情報を一から全部調べることは大変だろうから、授業者のほうでいくつか提示し、そこから選ばせる形でもよい。その際、教科書のように写真の情報は必要である。また役目については示しておくほうがよい。対応するつくりだけを写真情報をもとに自力で考えさせ、書き表させるのが実際的かと思われる。

2　目標

○共通、相違、事柄の順序など情報と情報との関係について理解することができる。
【知識及び技能　(2)ア】

○事柄の順序に気を付けながら、それぞれの乗り物の役目とそのためのつくりを読み取ることができる。
【思考力、判断力、表現力等　C　読むこと(1)ア】

○乗り物の資料から必要な事柄を集めたり確かめたりして、選んだ乗り物の特徴が伝わるように、役目とつくりを関係付けて乗り物クイズを作ることができる。【思考力、判断力、表現力等　B　書くこと(1)ア】
○乗り物に興味をもって教材文を読んだり、好きな乗り物について調べたりして、乗り物クイズを作ろうとする。【学びに向かう力、人間性等】

3　学習指導過程（学習指導計画）　全12時間

第一次　乗り物クイズ大会に向けて、学習計画を立てよう（2時間）　〔納得・疑問などの感想をもつ　1―X〕

①船について知っていることや経験したことを話し合う。題名読みをする。範読を聞き、内容の大体をつかむ。音読練習をする。

②全文を読んで、四種類の船について説明していることを確認する。文章全体を話題提示、船の説明、まとめに分ける。初めて知ったことやもっと知りたいことを感想に書き、交流する。漢字や片仮名の学習をする。

第二次　それぞれの船の「やく目」とそのための「つくり」を読み取ろう（5時間）　〔確認、具体化する〕＋〔筆者の発想を探る　2―A〕

③客船／　④フェリーボート（本時）／　⑤漁船／　⑥消防艇

＊それぞれの船の「やく目」や「つくり」について、大事なことばを見つけながら読み取る。それぞれの船にできることを紹介文に書く。まとめの段落に書かれていることを読み取る。

⑦説明の仕方で工夫しているところを見つける。四つの船の説明の順番について考える。

第三次　乗り物について調べ、乗り物クイズを作ろう（5時間）　〔自分の発想・世界を広げる　3―C〕

⑧⑨乗り物について本で調べる方法を確認し、いろいろな乗り物の本を読む。本から必要な情報を読み取り、調べたことをワークシートにまとめる。

⑩⑪クイズにする乗り物を選び、文型に沿ってクイズの文を書く。友達と読み合って、クイズを完成させる。

⑫乗り物クイズ大会を開き、感想を述べ合う。

4 授業の実際

■第二次第④時（フェリーボートの「やく目」「つくり」と「できること」の関係を読み取る）

(1) 本時の目標

本時は、二つめの船「フェリーボート」について「やく目」「つくり」と「できること」を関係付けて読み取ることを目指す授業である。I教諭は「本時の目標」を次のように設定した。

フェリーボートは、人だけでなく車も運ぶために、車を停めておくところと人が休憩できる客室を備えていることを、客船と比べながら読み取ることができる。

フェリーボート特有の「やく目」を「人と車両を共に運ぶこと」と捉えた場合、対応する「つくり」を「停車スペースと休憩スペース」としていることの整合性、適切性を理解させようとするものである。ここが筆者の発想（見方・考え方）が反映されているところであり、批判的読みにつながる部分である。また、既習の客船と比較させることでフェリーボートの固有性をより意識させようとしており周到である。

(2) 本時の学習活動の流れ（批判的読みの展開）

右に設定した本時の目標を達成するために、本時の学習課題を「フェリーボートの『やく目』と「つくり」をよんで、『できること』をかんがえよう」として、大きく以下の三つの学習活動を展開した。

A　フェリーボートの「やく目」と「つくり」について読み取る。
B　客室と車を停めておくところが選ばれた理由を考える。
C　フェリーボートでできることについて、自分のことばで紹介文を書く。
A（「つくり」を確かめるところ）からBの部分の授業の実際は次のようである。

T1　じゃあ、たくさんの人と車を運ぶために、どんな「つくり」になっていると思いますか。
C1　客室です。
T2　客室だけ？
C2　車を停めておくところです。
T3　この二つだけ？　他にどんなものがあるの？　予想でもいいよ。
C3　食堂です。
T4　どうしてですか。
C4　ご飯食べてなかったら倒れるからです。
C5　服とか洗う洗濯機とかいります。もし洗濯してなかったら、汚れたりするからです。
C6　もし二日とか三日とかいたら、服が臭くなってしまうからです。
T5　フェリーボートって、二日も三日も乗るの？　Aさんは、フェリーで泊まったんだって。
C7　洗濯機があるんだったら、着替えもいると思います。
C8　運転席もあります。
T6　何で運転席がいるのかな。

C9　運転手がいなかったら進まないからです。

C10　まだあります。ガソリンがいります。なぜかと言うと、いっぱいないとエンジンが止まるからです。

T7　いっぱいあるね。でも教科書には二つだけ紹介されていますね。教科書から見つけて線を引きましょう。

（見つけた後、当該箇所「きゃくしつや　車を　とめて　おくところが　あります」を全員で音読。）

T8　みんなは、たくさん「つくり」を予想したね。だけど、教科書には二つだけ紹介してあります。それはどうしてかな。一分で、隣の人と相談をしてみましょう。

（ペアで交流。）

T9　お隣の人と話すと、意見がまとまったみたいですね。

C11　もし駐車場がなかったら、車を泥棒が盗んでいくからです。

C12　「たくさんの　人と　じどう車を　いっしょに　はこぶ　ための　ふねです。」と書いてあるのに、それがなかったら困るからです。

C13　もし客室がなかったら、何日も泊まるのに困ります。

C14　客船にも食堂はあるけど、車を停めておくところは、フェリーボートにしかありません。

C15　客船は車を停めておくところがなかったから、書いた人は「車を　とめて　おく　ところが　あります」と書いたと思います。

C16　荷物が重たいから、車ごと運べるから、車を停めておくところがあると思います。

T10　では、着いたときのことを考えてみましょう。

C17　荷物を人間が運ぶのはすごく大変だから、車ごと運ぶと思います。

T11　何で車を停めておくところがあったらいいの。

C18　船にはいろんな種類があるけど、フェリーボートは車を停めておけるから、書いてあると思います。

T12　着いたときに、車が……。

（C　すぐに行ける。）

T13　「たくさんの　人と　じどう車を　いっしょに　はこびます」と書いてあるから、「やく目」と「つくり」は、どうやらつながっているようだね。

I教諭は、T3「他にどんなものがあるの？」という問いで、「つくり」についての具体化の読みを進め、T8「だけど、教科書には二つだけ紹介」「それはどうしてか」で、筆者の発想を探る〔2―A〕の学習を促した。それに対し、C12は「『たくさんの　人と　じどう車を　いっしょに　はこぶ　ための　ふねです。』と書いてあるのに」として「やく目」との対応で筆者の認識に迫っている。

C14やC15は、客船と比較してフェリーボートの「つくり」の独自性に言及した。筆者が「役目」に対する「つくり」として「きゃくしつ」と「車を　とめて　おく　ところ」を選んで書いた発想のありように接近したものと捉えることができる。C16やC17は、フェリーボートの「やく目」の特徴を理解しての発言である。

■第三次（乗り物について調べ、乗り物クイズを作ろう）〔自分の発想・世界を広げる　3―C〕

本実践では、いろいろな乗り物の本を読んで、調べたことをワークシートにまとめたうえで、クイズにする乗り物を選び、文型に沿ってクイズの文を作らせた。「乗り物クイズ大会」を開き、相互交流して単元を締め括っている。クイズの実例は示せないが、自分が選んだ乗り物について、役目とつくりの対応関係を意識したクイズを作ることは、筆者の認識のあり方を使って自分流に表現したことになったと考えられる。

小学校二年「どうぶつ園のじゅうい」（光村図書・令和二年度版上巻）

2 事例（獣医の仕事）の必要性を読む、自分の学校での事例（出来事）へ広げる

＊「2」以降の本学習モデルは、堀江紗也香教諭の兵庫県小野市立下東条小学校における実践とその資料に基づいている。

1 「学習指導過程モデル」に基づく教材の特性

(1) （内容、表現のあり方を）確認、具体化したい箇所

「中」の部分には、筆者（＝「わたし」）の獣医としての仕事ぶりが紹介されている。どのような仕事を、どのように行っているのかを、挿入されている写真を参考にしながら、本文のことばを手がかりに具体的に捉えさせたい。いのししの場合では、「おなかに　赤ちゃんがいるかどうか」をどのように「みて」いるか、である。「きかい」を「そっと当ててみました」とあるが、どんなふうにしているのだろうか。「こわがらないように」とある。「そっと」を別のことばで説明させる。「やさしく」「ゆっくり」などだろうか。動作化もよいが、そのようにすることをことばで表現させねば、ことばの力は付かない。何かことばをかけながら機械を当てただろうか。

確認するということでは、にほんざるの場合、薬を飲ませるために複数の試みをしている。何とか飲ませるために、どんな作戦を取ったのだろうか。何回チャレンジをしたのだろうか。まず「えさの中に　くすりを入れて　のませようとしても」から始まる。順番どおりにノートに箇条書きで書き出せると、大変さがよくわか

る。

(2) 筆者の発想（＝考えや表現意図）を探ること〔2—A〕ができる箇所

「批判的読みの基本的なあり方」図の〔3 読み・検討の対象〕「内容面」「c 価値」と〔2 読み・検討の観点〕「① 必要性」を意識すると「なぜこの四種類の動物への仕事を紹介したのか」と問うことができる。もちろん「ある日の」仕事がこのようであったからかもしれない。が、他の動物を診た日でもよい。または、三種類の紹介でもよい。こうしたことを考えようとすると、これら四種類の仕事の違いは何か、比較して確認する読みが必要となる。産科、内科、歯科、救急の仕事をこなしている獣医さん、である。

(3) （文章の内容や形式に対する）自分の考えをもつこと〔2—B〕の対象

右のことについて、四種類の必要性を理由とともに書いたり話せたりすることも「自分の考えをもつこと」になる。その他では、最後の一文（第⑨段落）「これで、ようやく長い一日がおわります」について検討することもできる。「普通に『これで、一日がおわります』と書いてあってもわかるよね。いいよね」という原形文と比較する形で問うてみるとどうだろう。これは、学習課題「なぜ筆者は『ようやく』『長い』を入れて書きたかったのか」を問う〔2—A〕の読みにも通じる。「中」で述べられていた筆者（＝獣医）の苦労、大変さ、仕事の多様さを再度確認し、捉え直す読みを促すことになる。二語を入れて書かねばならない理由をはっきり語らせたい。

(4) （筆者の発想、主張に対する）自分の考え・意見をつくること〔3—B〕の対象

本教材文は、筆者が特定の主張や意見表明をしているわけではない。動物園の獣医の仕事を、その一端ではあるが、二年生の読者に知らせる文章である。児童は動物園に行くことはあっても、裏方スタッフとしての獣医の存在を知っていることは少ないだろう。その意味では、書かれている事柄は新鮮である。読み取った動物

園の獣医の仕事内容、仕事ぶりについてどのように思ったか、素直に書いたり話し合わせたりするとよい。可能であれば、初読後の感想や獣医の仕事の捉え方と比較して、どのように見方が変わったか、という観点での考え・意見の表明になると、なおよい。

(5) (筆者の発想、主張をもとに) 自分の発想・世界を広げること〔3―C〕の方向性

「筆者の発想、主張をもとに」という「学習指導過程モデル」におけるこの段階の考え方に即すると、筆者の仕事の丁寧さ、緻密さ、責任感、さらには動物(対象)への愛情、やさしさなどを認識内容として活用させたい。形式面では、時間的順序に即して、ということになる。吉川(二〇一七)では、「担任の先生や家の人になって、一日の仕事を順序よく書く」という学習活動を提示している(一一五頁)。身近な人、取材しやすい人、しかし普段は何気なく見ていて、その仕事ぶりを意識していない人、ということでの獣医に代わる候補者である。ただ先生や家の人(お母さんなど)になる(同化する)ことの楽しさもあれば、取り組みにくさも児童の実態によってはあるかもしれない。その意味では、後述する第三次の学習のように「自分の学校生活の一日の出来事を書く」という設定もよい。

2 目標

○共通、相違、事柄の順序など情報と情報との関係について理解することができる。
【知識及び技能 (2)ア】

○時間的な順序や事柄の順序などを考えながら、内容の大体を捉えることができる。
【思考力、判断力、表現力等 C 読むこと(1)ア】

○文章の内容と自分の体験とを結び付けて、感想をもつことができる。
【思考力、判断力、表現力等 C 読むこと(1)オ】

○経験したことや想像したことなどから書くことを見付け、必要な事柄を集めたり確かめたりして、伝えたいことを明確にすることができる。【思考力、判断力、表現力等　B　書くこと(1)ア】

○動物園の獣医の仕事について興味をもって読んだり、考えたことを書いたりしようとする。【学びに向かう力、人間性等】

3　学習指導過程（学習指導計画）　全12時間

第一次　獣医さんの仕事って何だろう（2時間）　〔納得・疑問などの感想をもつ　1―X〕

①題名を読んで内容を予想する。本文を読み、獣医やその仕事について感想を書く。

②本文を読み、形式段落と大まかな内容を捉える。

第二次　獣医さんの仕事のわけや工夫を読み取ろう（7時間）　〔確認、具体化する〕③―⑧時

③第②段落を読み、朝の獣医の仕事と、そのわけを読み取る。

④第③・④段落を読み、仕事のわけと工夫を読み取る。

⑤第⑤・⑥段落を読み、仕事のわけと工夫を読み取る。

⑥第⑦・⑧・⑨段落を読み、一日の終わりに行う仕事と、そのわけを読み取る。

⑦獣医の仕事について、自分の知識や体験と比べて考えたことについて感想を書く。

⑧感想を発表し、考えたことを伝え合う。

⑨「今日だけの仕事」と「いつもの仕事」の両方を書いた筆者の意図を考える。（本時）　〔筆者の発想を探る　2―A〕

第三次　学校での一日の出来事を家族に伝えよう（3時間）　〔自分の発想・世界を広げる　3―C〕

⑩学校での一日の出来事を、自分がしたことの順番がわかるように整理する。
⑪学校での一日を家族に伝える文章を書く。
⑫書いた文章をグループで発表する。

4　授業の実際

■第二次第⑨時（「今日だけの仕事」と「いつもの仕事」の両方を書いた筆者の意図を考える）
〔筆者の発想を探る　2―A〕

(1) 批判的読みの分類に基づく本時の目標の設定

堀江教諭は本時の学習を構想するに当たって、吉川（二〇一七）で示した「批判的読みの基本的なあり方」図にある観点に基づいて、設定できる批判的読みの分類を行い、学習指導案の「本時の学習」の欄の冒頭に以下のように提示した（実際は横書き表組み）。この示し方については、「Ⅲ　批判的読みを位置付けた説明的文章の学習指導過程の考え方・つくり方」でも紹介した（五〇頁）。

〔読みの目的・ねらい〕……　A　筆者の発想の推論
〔読み・検討の観点〕………　①　必要性　②　妥当性・適切性
〔読み・検討の対象〕………　内容面「c　価値」

これらの分析をもとにして、学習指導案には本時の目標を「獣医の『今日だけの仕事』と『いつもの仕事』の両方を書いた筆者の意図を考えることができる」と記した。二年生に筆者の意図を推論させること、その前に筆者を意識させることは難しいのではないかという意見もあるだろう。児童の実態にもよるが、そうした意見は理解できる。もちろん無理をする必要はない。

しかし、本教材の場合、冒頭から「わたしは、どうぶつ園ではたらいている　じゅういです」で始まり、筆者が前面に出てきている。獣医である筆者が、自分の仕事（経験）について説明をしていることは比較的理解しやすい。後述するように、実際に授業で児童に提示した学習のめあては「どうしてうえださんは『今日だけの仕事』と『いつもの仕事』のりょうほうを書いたのでしょうか」とし、「うえださん」という筆者名を使ってわかりやすい形にしている。筆者（書き手）という難しいことばを使わずとも、「うえださん」で理解できるようなら取り組ませることがあってよいかと考える。

(2)　本時の学習活動の流れ

右に設定した批判的読みの観点と本時の目標を達成するために、本時の学習活動には、獣医の仕事を「今日だけの仕事」と「いつもの仕事」に分けること、批判的読み〔2―A〕の学習課題である「『今日だけの仕事』と『いつもの仕事』のりょうほうを書いたのか」について考え合うこと、学習を振り返りまとめること、の三つが用意された。

①前時に学習した「今日だけの仕事」と「いつもの仕事」を確認する

いのしし、にほんざる、ワラビー、ペンギンに施した治療等は「今日だけの仕事」であり、第⑦、⑧段落にある日記に書くこと、お風呂に入ることは「いつもの仕事」であることを、どんな仕事だったか教科書掲載の写真も使いながら順次確かめた。こうして獣医さんの仕事には二種類あることを確認したうえで、なぜ筆者は両方の仕事を紹介しているのか、筆者の発想を推論する〔2―A〕の批判的読みの学習活動に移っていった。

②学習課題について考える（批判的読みの展開）

「どうしてうえださんは『今日だけの仕事』と『いつもの仕事』のりょうほうを書いたのでしょうか」を提示し、まずワークシートに自分の考えを書かせ、その後、ペアでの伝え合いを経て全体での交流学習に入った。

T1　今日だけの仕事といつもの仕事を両方書いたのはなぜですか。

C1　うーん……二十四時間あったからです。

T2　今日何があったの？

C2　見回りもした。

C3　なぜ植田さんは分けたかと言うと、今日だけなら飼育員さんに電話がかかってきて……。

C4　なぜ、両方を書いたかと言うと、今日だけある仕事を知ってほしかったからだと思います。

C5　「ある日の　わたしのしごとのことを書いてみましょう」と書いているからです。

C6　仕事の全部を紹介するからです。

C7　仕事のことを知らせたかったからです。

C8　両方大事だからです。

C9　植田さんの気持ちですけど、植田さんは一日仕事をして疲れているからだと思います。

C10　それだけ疲れてお仕事しているんやなってことやね。

C11　獣医さんがどういうことをするのかというのを知ってほしいからだと思います。

T3　題名に注目したんだね。

詳しく言い切れていない面はあるが、傍線部を中心に、獣医である筆者の立場に立って両方の仕事の大切さ、必要性を主張しようとしていることがうかがえる。C8やC11などには、獣医という仕事の特殊性への意識を見ることができる。

続いて、もう少しそれぞれの仕事の違いを細かく捉えさせようと、仕事の必要性を個別に問うた。

T4　お風呂って言ったときに、仕事じゃないねと言ったよね。お風呂の仕事は、書かなくてもいいかな？

C12 お風呂とか全然仕事じゃないけど、教科書にも書いてたけど、人間の病気が体についていることもあるから、お風呂に入らなければいけないから、仕事だと思います。

C13 わたしも、昔あったことを忘れてしまうから、日記を書くことも仕事です。

C14 見回りをしないと、動物が病気のときに気付かないからです。

T5 ペンギン最後やったし、書かなくてもいいんじゃない？ ペンギンは何でいるの？

C15 ペンギンがえさと間違えてボールペンを飲み込んでしまったから、書かないといけないからです。

C16 動物の命にかかわることだからです。

T6 ワラビーの仕事はいるの？

C17 ますます痛くなって、全文の歯が痛くなって悪い歯になってしまうからです。

C18 「ある日の　わたしのしごとのことを書いてみましょう」と書いているので、一日の仕事なのに書いていなかったら、それだけ何なのかなと読んだ人が思うからです。

T7 その日にあったことを、今日あったことと、いつもの仕事をきっちり伝えるためには、両方書かないといけないね。

次々と問うた感はあるが、それによって両者の仕事の質の違いに漠然とは気付いているようである。もう少し違いを鮮明にさせるということでは、たとえば「ペンギンの仕事は『命にかかわること』だし、ワラビーの仕事も歯が痛くなってしまうからとても大事だよね。でも、日記もお風呂も、それに比べたらそんなに大事な仕事ではないように思うけれどねえ。そんなことまで、わざわざ書かなくても、ね」というように、仕事を分類し比較させ、両者の仕事の質の違いを捉えたうえで「今日だけの仕事」とは違った「いつもの仕事」の重要性、それを述べている必然性に目を向けることはできるかもしれない。

■第三次（学校での一日の出来事を家族に伝えよう）〔自分の発想・世界を広げる　3―C〕

第二次で「確認、具体化する」読みを基盤にしながら、「筆者の発想（＝考えや表現意図）を探る」読み〔2―A〕を中心に批判的読みを展開した児童は、第三次で「学校での一日の出来事を家族に伝えよう」という学習に取り組んだ。獣医さんが「ある日のわたしのしごと」を紹介したのに倣って、自分の学校生活での出来事を書くというものである。自分が学校でしたことに取材すればよいので、負担は少ない。また筆者を意識して取り組みやすい。「（筆者の発想、主張をもとに）自分の発想・世界を広げる」〔3―C〕の読みである。児童は次のように書いた（傍線は引用者、／は改行）。

わたしの学校での一日を書いてみましょう。／朝、教しつに入って、朝のじゅんびをします。きれいな字でれんらくちょうを書きます。なぜかというと、きれいな字で書くとおかあさんや先生が読みやすいからです。／二時間目のあとのぎょう間休みにてつぼうをしました。ちきゅうまわりをいろんな子に教えました。みんなできるように何回も見せてあげました。／ぎょう間休みのあとに三時間目に生かつをしました。虫のパズルをつくりました。パズルができるように絵を大きく書きました。／そうじで外そうじで草ぬきをしました。いっぱい草をぬいてきれいになったのでうれしかったです。／帰る前に帰るよういをしました。時間ないにまにあってよかったです。／これで一日がおわります。

（Y・H）

ぼくの学校での一日を書いてみましょう。／朝、教室に入って朝のよういをします。朝ぼくはひなたぼっこと、どくしょかんそうぶんをしています。なぜかというと、ひなたぼっこは家で、できないからです。／二時間目はしょしゃでした。いろんな字のかきじゅんをべんきょうしました。あと、止めるれんしゅうをしました。しょしゃの先生が、うごくより止めるほうがむずかしいと言っていました。よくわかりました。／ぎょう間休み、虫とりをしました。バッタも、ちょうちょもいろんな生きものをみつけました。ぎょう間休みがおわるころ、とんぼをみつけました。あみをかけたらうごかなくなったから、そっととってみたら、おにやんまでした。／給食がきました。きょうはあずきごはんでした。あとすきやきも、ぼくがだいすきなとうにゅうプリンもありました。とてもおいしかったです。／5時間めがおわり、帰る用いをしました。ぼくがにちばんだったのでどきどきしました。／これで一日がおわります。（I・Y）

こうした児童の書きぶりを見ると、第二次で「確認、具体化する」読みや「筆者の発想を探る」読みによって捉えた、獣医の仕事に対する一生懸命さ、丁寧さに関する認識内容が生かされていることがわかる。傍線部にあるY・Hの「きれいな字で書くとおかあさんや先生が読みやすいからです」「みんなできるように何回も見せてあげました」などに表れている他者への思いやり、「いっぱい草をぬいてきれいになったのでうれしかったです」に感じられる仕事への自負は、筆者が伝えようとしていた認識のあり方に通じる。

I・Yについても、「しょしゃの先生が、うごくより止めるほうがむずかしいと言っていました。よくわかりました」や「あみをかけたらうごかなくなったから、そっととってみたら、おにやんまでした」には、この児童の学習や行為に対する真摯な姿勢を認めることができる。また「ぼくがにちばんだったのでどきどきしました」にも、この児童が一生懸命に日番（日直）の仕事に取り組んでいることが感じ取れる。これらも教材文の獣医の仕事ぶりに通じるものである。

このように、今回の実践では、獣医である筆者が本文で主張した、動物への愛情、仕事への熱意や自負、ひたむきさ、苦労や大変さ、喜びなどを読み取ったことをもとにして、第三次では「自分の発想・世界を広げる」形での批判的読みを、自分の学校生活のありように重ねていった。二年生としての発展段階での批判的読みの学習の一つのあり方を示していると思われる。

小学校三年「すがたをかえる大豆」（光村図書・令和二年度版下巻）

3 事例や結論のあり方の意図を探る

＊「2」以降の本学習モデルは、米田明菜教諭の兵庫県宝塚市立長尾台小学校における実践とその資料に基づいている。

1 「学習指導過程モデル」に基づく教材の特性

(1)（内容、表現のあり方を）確認、具体化したい箇所

中学年教材に多い事例列挙型の文章である。それらの事例（おいしく食べるくふう）を具体的に捉えさせることが大事である。一つめの「いったり、にたりして、やわらかく、おいしくするくふう」の「炒る」例として「豆まきに使う豆」が示されている。実際に豆まきをした経験があれば、そのときの炒り豆が、ただの大豆に比べてどのように柔らかかったか、おいしかったか出し合うことで、「くふう」を実感できる。その頃にスーパーで売っている炒り豆のことでもよい。「に豆」「おせちりょうりに使われる黒豆」についても同様である。

三つめの「大豆にふくまれる大切なえいようだけを取り出して、ちがう食品にするくふう」として挙げられている豆腐の場合、豆腐になるまでの手順が示されている。しかし、ひと続きで述べられているため（写真の手助けはあるが）つかみにくい。そこで作業工程順にノートに番号を振って列挙させてみる。様々に手間がかかっていることに改めて気付くことができる。そのうえで、栄養だけを取り出すのはどこか、どの作業が大変そうかなどを確認する。「水にひた」す、「なめらかになるまですりつぶ」す、「中身をしぼり出」すとは、ど

のようにするのか、説明させることも具体化の読みを促すことになる。

(2) 筆者の発想（＝考えや表現意図）を探ること〔2―A〕ができる箇所

吉川（二〇一七）でも述べたが、事例のあり方について推論することが様々可能である。まず、五つの工夫の順序についてである。なぜ筆者はこの順序にしたか問うてみる。簡単な工夫から複雑な工夫へ、大豆の形、存在が想像できるものからそうでないものへなど、どのような点に着目して考えるだろうか。事例内容の特質面からは、五つめに「これらの他に」と断ったうえで「とり入れる時期や育て方をくふうした食べ方」として示した枝豆ともやしの例を挙げている。この必然性について問うことができる。食生活に密着しているものでもあり、「くふう」の多様性を示したかったからだろうか。同様に、二つめの「こなにひいて食べるくふう」のきなこについても、必然性を考えてみる。これは記述の分量の面からも気になる。これ一つだけがあまりに短い。なぜ筆者はこんなに短く扱ったのだろう。合わせて問うてみると、どう答えるだろうか。

(3) （文章の内容や形式に対する）自分の考えをもつこと〔2―B〕の対象

(2)で挙げたことについて、自分としてはどのように考えるか求める。その他には、内容面では「終わり」（結論部）にある筆者の意見・主張に対してどのように思うか問うてみる。一番最後になって急に「昔の人々のちえ」のことが持ち出され、「おどろかされます」と筆者はまとめている。が、この一文は（あってもよいが）なくてもよいのではないか、と考えてみる（〔2―A〕型では「なぜ筆者は、最後の一文をこのように締め括ったのか」ということになる）。または、この一文があるのと、ないのとでは、読んだときの感じ、思い方はどのように違うか、話し合ってみる。

(4) （筆者の発想、主張に対する）自分の考え・意見をつくること〔3―B〕の対象

筆者の主張に対する自分の考え、ということでは(3)のことで兼ねることができる。が、発展的に自分の考え

や意見をつくることにここでは取り組んでみる。「食事に取り入れてきた昔の人々のちえ」を筆者は主張している。その際の代表例として大豆を取り上げた。実は大豆の他にも「昔の人々のちえ」が使われ、発揮されている食べ物はあって、そういうものへ目を向けてほしい、日本の食文化のすばらしさも意識してほしい、そういった願いが筆者にはありそうに思われる。次の〔3―C〕の読みにもなるものだが、〔3―B〕としては『昔の人々のちえ』を食事に取り入れてきたのは大豆だけだろうか。他にはあるだろうか（ありそうだろうか）」と問いかけて、既有知識でもって考えを出し合うか、調べることを促すか、ということも考えられる。

⑸ 〔筆者の発想、主張をもとに〕自分の発想・世界を広げること〔3―C〕の方向性

後述する実践でも行っているが、大豆以外の食品について、「終わり」にあった筆者の発想や主張に基づいて調べ、見つけた内容を「はじめ―中―終わり」の展開で書き表す学習活動が考えられる。調べ学習が負担にならないように、あらかじめ授業者のほうで複数の候補食品とそれに関する資料を用意しておくことも必要である。

2 目標

○事例の仲間分けや説明の順序等、情報と情報との関係について理解し、説明の工夫を捉えることができる。
【知識及び技能 ⑵ア】

○段落相互の関係に注目しながら、考えとそれを支える理由や事例との関係などについて、叙述をもとに捉え、読者がわかりやすく興味をもって読むための説明の工夫を読み取ることができる。
【思考力、判断力、表現力等 C 読むこと⑴ア】

○伝えたい内容を明確にし、自分が選んだ食品や工夫について文章構成を考えて書くことができる。

【思考力、判断力、表現力等　B　書くこと(1)イ】

○すがたをかえる食材やおいしく食べるための工夫に興味をもち、それらを説明する文章を読んだり書いたりしようとする。【学びに向かう力、人間性等】

3　学習指導過程（学習指導計画）全11時間

第一次　学習のめあてを確かめ、問題提示文を作る（3時間）〈納得・疑問などの感想をもつ　1―X〉

①題名読みをする。「すがたをかえる」のイメージを共有し、他にどんな食材があるか考える。筆者の説明の工夫をまねして、【すがたをかえる○○】を書くというめあてを知る。九つの大豆食品を自分なりにグループ分けする。

②前時に考えたグループ分けと筆者のグループ分けを比べ、筆者のグループ分けの観点について考える。

③全体構成を確認し、全体に関わる問題提示文を作る。

第二次　「おいしく食べるくふう」を読み取る（5時間）〈確認、具体化する〉＋〈筆者の発想を探る　2―A〉

④五つの事例（くふう）を比べて読み、共通している説明の仕方を読み取る。

⑤事例（くふう）の説明の順序を確認し、筆者がどのような順序で説明しているか考える。

⑥筆者がこれらの食品の例を挙げた理由を考える。

⑦事例（くふう）のうち一つを省くとしたらどれにするか考える。

⑧「終わり」の段落（まとめの部分）の書き表され方について考える。

第三次　「すがたをかえる食べ物」紹介文を書く（3時間）〈自分の発想・世界を広げる　3―C〉

⑨「すがたをかえる○○」を作るための材料や食品の例を決める。

⑩⑪例を選び、説明する文章を書く。

本実践では、文章の形式面（書き方）に着目させ、そのあり方を批判的に検討することで、事例や主張の内容についてより深い読みを促す形の授業設計を取っている。批判的読みの学習活動は第⑤～⑧時にというように複数回位置付けられている。教室の実態によって、本実践のように多く位置付ける必要はない場合も考えられるだろう。

4 授業の実際

本実践については、逐語記録や児童が書いた文章などの資料はないため、授業ごとの学習指導案と板書の記録写真、授業者の各授業後の感想メモ等に基づいて、授業のあらましを記述する。

■第二次第⑤時（事例〔くふう〕の説明の順序を確認し、筆者がどのような順序で説明しているか考える）

本時は、事例（おいしく食べるくふう）の順序性について、筆者の意図を探る読み〔2―A〕を試みた。目標を次のように設定している。

・事例の順序がすがたを変えている順ではないことに気が付き、筆者が説明している順序について理由とともに考える。

・事例の説明の順序には、「読者にとってわかりやすいもの」から説明しているという順序性と、「工夫の仲間分け」という分類が関係

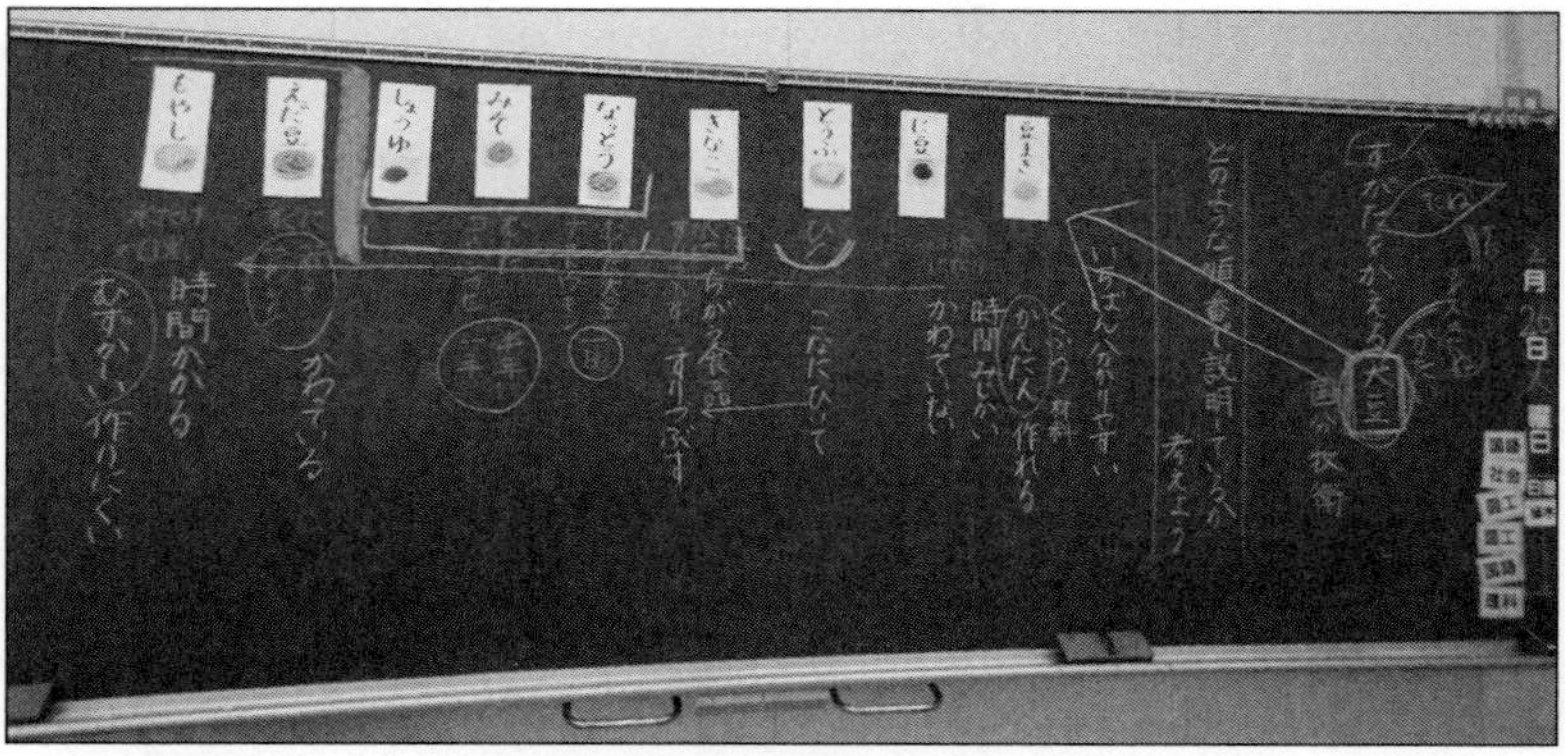

第2次第⑤時（「くふう」の順序について筆者の意図を探る）の板書

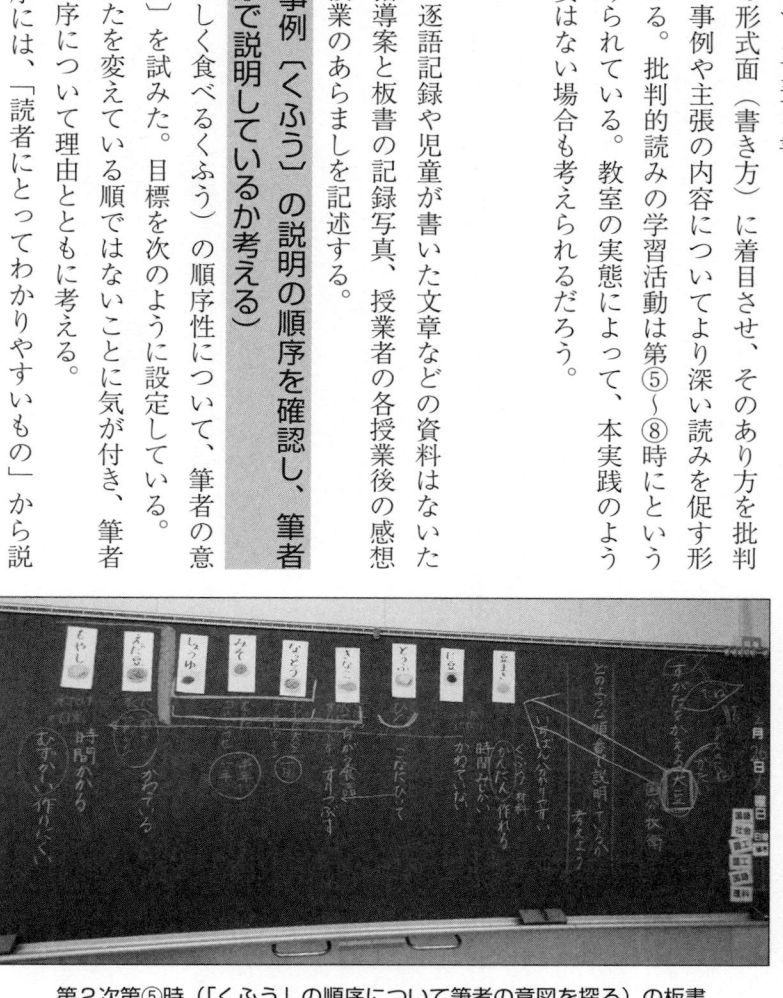

していることに気付く。

児童には「どのような順序で説明しているか考えよう」という形で、めあてとして示した。前時に、食品の写真の色や形、状態を見て「すがたをかえたランキング」を考える学習をしており、まずそれを確認した。そのうえでランキングと本文を比べ、筆者はどのように考えて本文の順序にしたのか考えさせた。授業では、簡単に作れるものから難しくて作りにくいものへ、時間が短いものから時間がかかるものへ、姿が変わっていないものから変わっているものへ、などの意見が出されている。

枝豆やもやしについては、工夫された順や姿を変えた順に当てはまらないことに気付かせようとして、板書上でも線を引いて区分しているが、理解しにくい児童もいたようだった。

本時の学習のまとめとしては、筆者の説明の順序と自分の考える順序を比べ、なぜそう考えたのか書かせた。

■第二次第⑧時（「終わり」の段落（まとめの部分）の書き表され方について考える）

本時は、「終わり」に書かれている主張・意見について、筆者の意図を探る読み〔2―A〕を行う授業である。本時の目標を次のように定めている。

・第⑧段落には大豆のすばらしさだけでなく、すばらしい大豆に気付き利用しようとした人々のすばらしさも書かれていることを読み取る。

・なぜ大豆と人々のことを改めて説明しているのか考え、自分なりの考えをもつ。

学習のめあては「なぜ筆者は、まとめにつづきを書いたのか」として提示した。最終第⑧段落は冒頭に「このように、大豆はいろいろなすがたで食べられています」とあり、「中」で述べてきたことをまとめる文になっているにもかかわらず、それに続いて「他の作物にくらべて、（…中略…）たくさんのえいようをふくんでいるからです。（…中略…）大豆のよいところに気づき、食事に取り入れてきた昔の人々のちえにおどろかされます」と述べ、終えている。「つづき」というのは、第⑧段落冒頭の一文め以外の文という意味である。「なぜ筆者は……」と直接的に問う形とした。一文だけでもまとめになっているのに、なぜ筆者は付け加えているのかを考えさせ、筆者は大豆のすばらしさだけでなく、すばらしい大豆に気が付き利用しようとした昔の人々のすばらしさも伝えたかったのではないか、ということへの読みの深まりを意図した。

板書には、第⑧段落の構造として、前半には大豆のことが、後半には昔の人々のことが書かれていることを分けて示している。「大豆のよいところ」ということばが前半と後半の内容をつなぐように、整理して配している。学習のまとめは、なぜ筆者は人々のことまで説明したのか、自分だったらどうするか、文章でまとめさせた。

■第三次（「すがたをかえる食べ物」紹介文を書く）

〔自分の発想・世界を広げる　3―C〕

第三次では、「すがたをかえる食べ物」の紹介文を書くという学習活動を行った。〔3―C〕型の「自分の発想・世界を広げる」学習としての位置付けである。大豆同様に、姿をかえる工夫を様々に行って食事に取り入れられている食材を決め、まず次頁のようなワークシートに調べて記入させた。教材文で学んだ説明の工夫（「はじめ―中―終わり」の構成、事例の選択やグループ分け、説明の順序、同じ書き方をすること、分量を意識すること）を

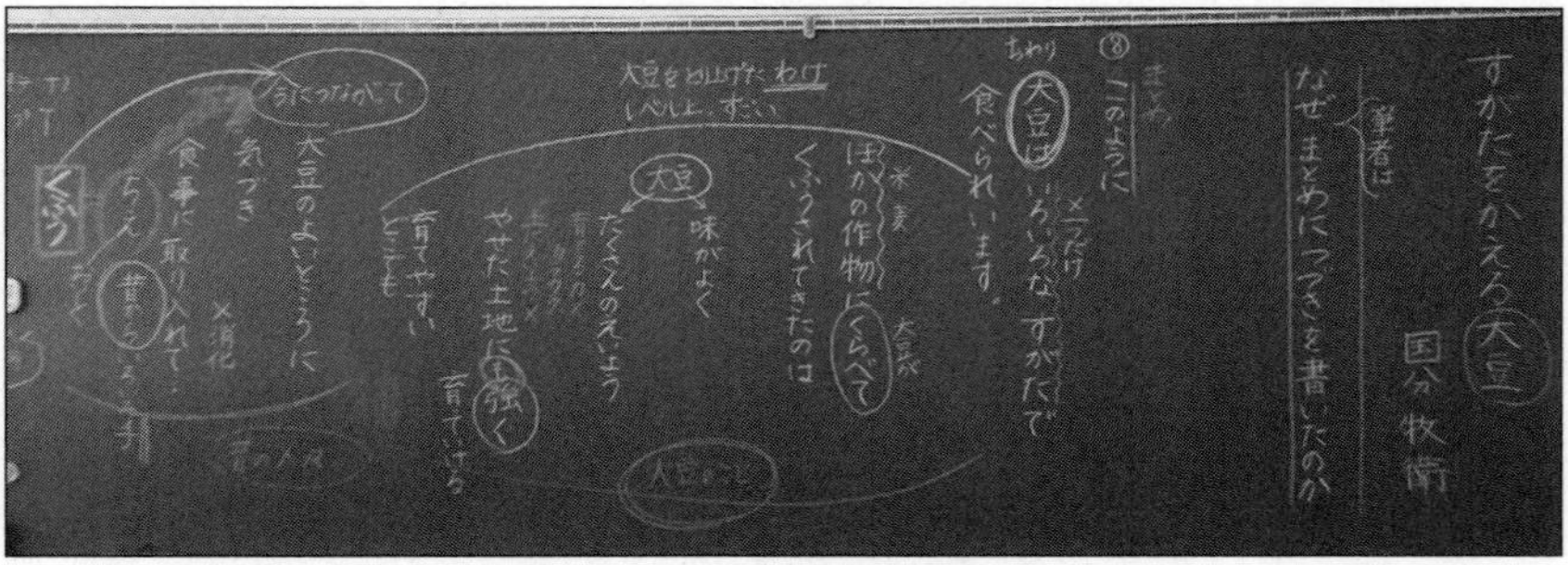

第２次第⑧時（「終わり」の主張内容について筆者の意図を探る）の板書

確認したうえで、二〇〇字程度で書かせた。以下は、S・Tが書いた紹介文である（傍線は引用者、／は改行）。

わたしたちの毎日の食事には肉、やさいなどさまざまな材料が調理されてでてきます。その中で肉をあまり食べなかった日本人も食べる人が多いものがあります。何だかわかりますか。それは魚です。／いちばん分かりやすいのは、いったんすりつぶして食べるくふうです。ちくわは魚肉をすりつぶしてから作ったものです。／次にたまごのふくろのままりようする食べかたがあります。いくらみたいなすじこは、さけやますのたまごをしおづけしたものです。すじこをバラバラにしたものがいくらです。／そしてほぐし、味をつけて食べるくふうがあります。でんぶは、魚肉をむして細かくほぐし、味をつけたものです。／このように魚はいろいろな食べ方で食べられています。昔から肉をあまり食べなかった日本人も魚はたくさん食べてきました。そこで今でも世界一、魚を食べるみんぞくです。魚といえば昔はおかずのことだったのです。日本人は魚をさしみ、すしとして生でも食べる。

この児童なりに、わかりやすい加工の仕方の順番を決めて、おかずとしての魚の取り入れ方を書いたことが見受けられる。

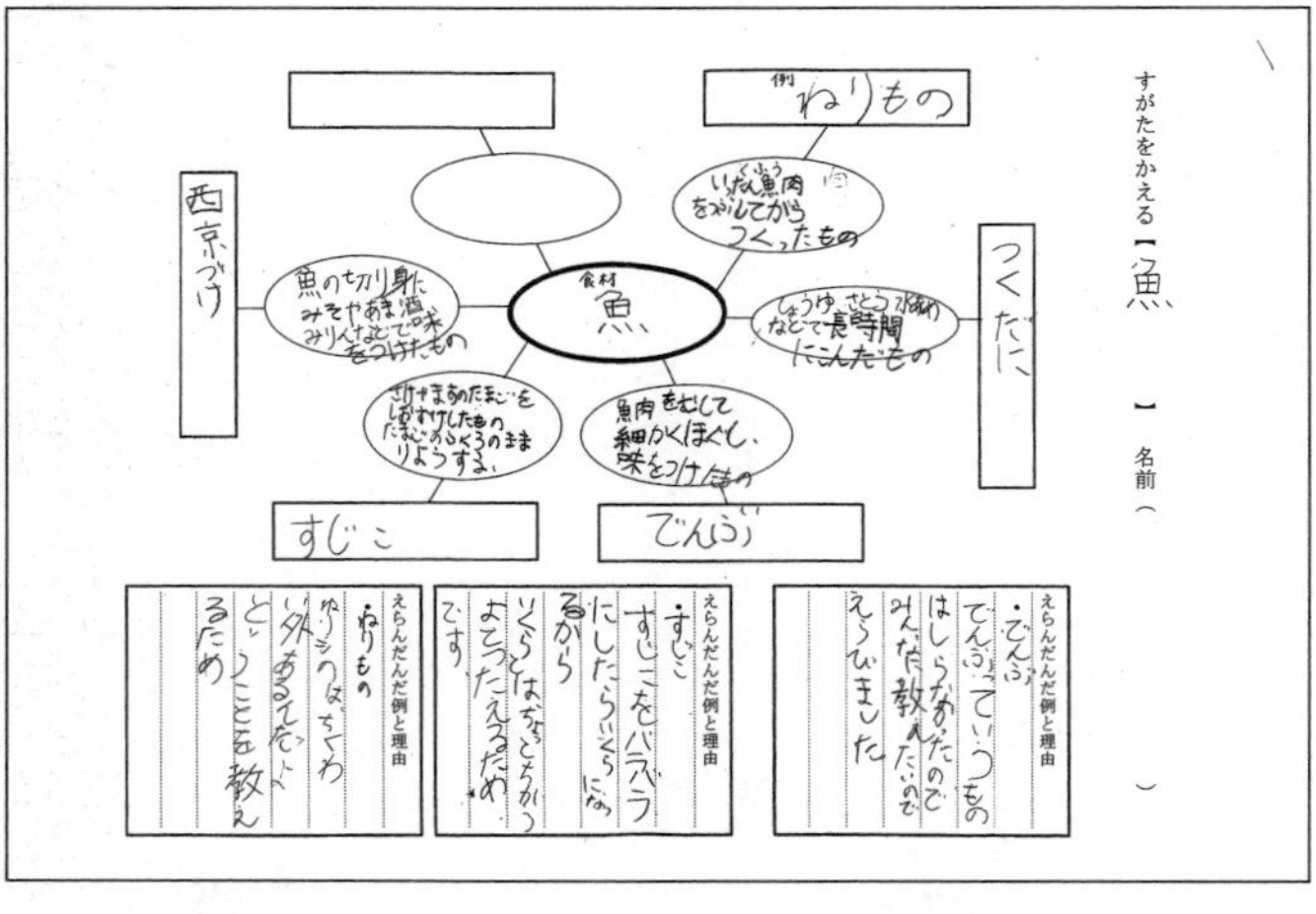

紹介文を書くに当たってS・Tが作ったウェビングシート

小学校四年「アップとルーズで伝える」（光村図書・令和二年度版上巻）

4 事例の内容の価値を検討する、筆者の主張を自分の生活とつなげて捉え直す

＊「2」以降の本学習モデルは、堀江紗也香教諭の兵庫県小野市立下東条小学校における実践とその資料に基づいている。

1 「学習指導過程モデル」に基づく教材の特性

(1) （内容、表現のあり方を）確認、具体化したい箇所

「はじめ」の最後のところ（第③段落）で、「アップとルーズでは、どんなちがいがあるのでしょう」と問題が提示されている。この両者の違いを確認し、具体化することが、読み（学習）の中心となる。その際、本教材の特徴である対比的な述べ方を意識させる。

アップ、ルーズそれぞれを説明している本文の上部には対応する写真が掲載されているので、本文の説明は写真で言うとどこに該当するのか確認することができる。アップの場合、「ひたいにあせを光らせ」「口を大きく開けて」「全身でよろこびを表しながら走る」の三つが挙げられている。「よく伝わります」と書いてあるが納得できるか、という〔2―B〕の読みでの確認もできる。ではそうした様子は、ルーズのシーンでは伝わっていないのか。掲載されている写真に基づいて、どのように伝わらないのか対比的に説明させたい。

アップ（ルーズもだが）の説明の後半には、マイナス面、短所についても「走っている選手いがいの、うつされていない多くの部分のことは、アップでは分かりません」と述べている。本文にある「ゴールを決められ

たチームの選手」「おうえん席」の様子以外に、どんなところがわからないのか、具体的に列挙させたい。

(2) 筆者の発想（＝考えや表現意図）を探ること〔2―A〕ができる箇所

「批判的読みの基本的なあり方」図の〔③ 読み・検討の対象〕「内容面」「c 価値」と〔② 読み・検討の観点〕「① 必要性」を合わせると、「中」の最後（第⑦段落）で「写真にも、アップでとったものとルーズでとったものがあります」とあるが、「なぜ筆者は写真のことについても書いているのか」と問うことになる。テレビのサッカーのことで詳しく知らせたのだから、それで言いたいことはじゅうぶん伝わっているのではないか。

また② 「形式面」「g 順序」の観点に着目すると、「『中』の部分では、なぜアップを先に述べたのか」ということもある。「はじめ」の部分では、ルーズから先に説明している。写真もルーズが先である。

(3) 〔文章の内容や形式に対する〕自分の考えをもつこと〔2―B〕の対象

(2)で示した箇所についてどう思うか、も対象となる。写真のことも述べたのは、テレビだけでなくいろんなメディアで活用される手法であること、動画にも静止画にも言えることだと伝えたかったと思われる。「中」で、アップから述べたのは、見た際に印象の強いほうから始めたのだろうか。「はじめ」でルーズから説明したのは、後半が始まるシーンから述べ始めているから、一般的なテレビ放送をイメージさせたいから、かもしれない。後述の授業では、アップ、ルーズそれぞれの説明として、よい点だけでなく、問題点も述べていることについて、各自の考えを聞いている。

(4) 〔筆者の発想、主張に対する〕自分の考え・意見をつくること〔3―B〕の対象

筆者は「終わり」の部分（第⑧段落）で「送り手は伝えたいことに合わせて、アップとルーズを選んだり、組み合わせたりする必要があるのです」と述べている。このことについて、読み深めてみてどのように思った

かを書かせ、交流させることが考えられる。

(5)〔筆者の発想、主張をもとに〕自分の発想・世界を広げること〔3―C〕の方向性

「終わり」の第⑧段落には、「みなさんも、クラスの友達や学校のみんなに何かを伝えたいと思うことがあるでしょう」とある（以前の本教材には、この一節はなかった）。これを受けて、自分たちの生活（家庭、学校、地域）に取材し、動画、静止画で伝える学習を展開する。その際に、筆者の主張をどのように生かしたのか、または独自に工夫したところがあったのかを明確にして制作させる、ということもできそうである。

2 目標

○考えとそれを支える理由や事例、全体と中心など情報と情報との関係について理解することができる。【知識及び技能 (2)ア】

○段落相互の関係に着目しながら、考えとそれを支える理由や事例との関係などについて、叙述をもとに捉えることができる。【思考力、判断力、表現力等 C 読むこと(1)ア】

○段落の役割について理解することができる。【知識及び技能 (1)カ】

○文章を読んで理解したことに基づいて、感想や考えをもつことができる。【思考力、判断力、表現力等 C 読むこと(1)オ】

○考えとそれを支える理由や事例との関係などを捉えることに積極的に取り組み、自分の考えを発表しようとする。【学びに向かう力、人間性等】

3 学習指導過程（学習指導計画） 全6時間

第一次 どんなことが書かれているかつかもう（1時間）　〔納得・疑問などの感想をもつ　1―X〕

①・題名から書かれていることを予想する。

・問いや文章構成を確かめる。

・各段落に書かれていることを捉え、それぞれの段落の役割を考える。

第二次 「アップとルーズで伝える」を読んで自分の意見をもとう（3時間）

②アップとルーズについて、例を確かめ、筆者がどのように説明しているか読み取る。　〔確認、具体化する〕

③アップとルーズの具体例では、なぜ伝えられることだけでなく伝えられないことも示しているのか考える。

（本時）　〔筆者の発想を探る　2―A〕

④筆者の考えに対する自分の考えをまとめる。

第三次 自分の考えを伝えよう（2時間）

⑤「アップとルーズで伝える」ということについて考えたことを発表する。

〔自分の考え・意見をつくる　3―B〕

⑥「考えと例」を読み、好きな遊びについて自分の「考え」と「例」を考え、発表する。

4　授業の実際

■第二次第③時（なぜ伝えられることだけでなく伝えられないことも示しているのか考える）

〔筆者の発想を探る　2―A〕

(1)　批判的読みの分類に基づく本時の目標の設定

堀江教諭は本時の授業を構想するに当たって、吉川（二〇一七）『論理的思考力を育てる！批判的読み（クリティカル・リーディング）の授業づくり――説明的文章の指導が変わる理論と方法――』で示した「批判的読みの基本的なあり方」図にある観点に基づいて、設定できる批判的読みの分類を行い、学習指導案の「本時の学習」の欄の冒頭に以下のように提示した（実際は横書き表組み）。この示し方については、「Ⅲ　批判的読みを位置付けた説明的文章の学習指導過程の考え方・つくり方」でも紹介した（五〇頁）。

〔読みの目的・ねらい〕……　A　筆者の発想の推論
〔読み・検討の観点〕………　①　必要性　②　妥当性・適切性
〔読み・検討の対象〕………　内容面「c　価値」

まず内容面（本論部の事例の内容の「c　価値」）を「読み・検討の対象」にして、「A　筆者の発想の推論」を「読みの目的」とする学習指導を展開しようと考えた。その際の「読み・検討の観点」は「①　必要性」であり「②　妥当性・適切性」であると設定したのである。したがって、学習指導案に記した本時の目標は、次のようになった。

アップとルーズの良い点と問題点の両方を書いた筆者の意図を考えることができる。

なぜ筆者は、二つの観点から事例について述べたのかを考えることを目標とする授業展開を試みようとした、ということである。

(2)　本時の学習活動の流れ

右に設定した批判的読みの観点と本時の目標を達成するために、本時の学習活動には、アップとルーズの良い点と問題点を確認すること、批判的読み〔2―A〕の学習課題である「なぜ筆者はアップとルーズの良い点と問題点の両方を書いたのか」について考え合うこと、学習を振り返りまとめること、の三つが用意された。

①前時に学習したアップとルーズの良い点と問題点を振り返り、学習課題を確認する

「なぜ筆者は『アップ』と『ルーズ』の良い点と問題点の両方を書いたのか考えよう」という本時の学習課題を提示するに当たって、まず前時の学習の確認も兼ねて、アップとルーズそれぞれの良い点と問題点とを順番に確かめた。あわせて「こんなふうにアップとルーズを比べてみることを何て言うんだったっけ？」と問いかけ、「対比」と言うのであることを確認した。そのうえで、批判的読みの学習課題へと向かった。

②学習課題について考える（批判的読みの展開）

次のように問うて、学習課題を意識させた。

T　対比して比べてるんやな。でも、いい（＝良い）点と問題点と書いてるけど、別に、いい点だけでいいと思うけど。問題点をね、別に、わざわざ悪いところを書かなくてもいいんじゃないかと思うんだけど、どう？　いいと思う？　もういい点だけ紹介する。もう問題点の紹介しません。だって、悪いところのことやもん。それでもいいんじゃないかなと思うんですが、どうでしょう？

良い点、問題点の両方を書いているのには、当然筆者の意図があるわけだが、それを推論させる（〈2—A〉）のではなく、まずそのことに対する自分の考えをつくらせようとした（〈2—B〉）。この問いかけに対して賛成か反対か決めさせてから自分の考えをノートに書かせ、発表させた。両方書くことに賛成とする意見がほとんどで、次のように考えが出された。

C1　いいことばかり書いてたら、アップやルーズを使うときに、問題点なんかないと勘違いする人がいると思うからです。

T1　悪い点、問題点を書かなかったら、どっちもいいことしかないって思っちゃうよっていうことかな？うんうん、なるほど。いい点しかないと勘違いするってことね。なるほど。悪い点はないと思っちゃう。

C2　問題点がなかったら、アップとルーズで、アップとルーズはいいことだけしかないのかなと迷ってしまうし、迷った理由は、筆者とかが書いていなかったら、そのままずっと思い込んでしまって勘違いをしてしまうから、入れたほうがいいです。

T2　いい点しかないよって、読んだ人が、問題点なんかないって思っちゃうからあかん（＝だめ、の意）っていうことやね？　おお、なるほど。すっきりしました。

C3　何が何でも、全部いいところじゃないから、問題点がいると思います。

T3　やっぱり問題点も言うことが大事やなって思うんよね。

（……中略……）

C4　いいところばかりではなく、問題点もある程度伝える。いいところと、問題なところもあるよ、と説明するほうが、見た人もよくわかるからと思います。

（……中略……）

C5　問題点を書かないと、説明文なのに、完全に説明できていないから、問題点を書くといいと思います。

T4　何か似たようなこと書いとった人がおったね。「説明文だから」って書いてる人もいましたね。Hさん、そうやったね。説明文やから、しっかりいいところも悪いところも、全部説明せなあかんって思うん

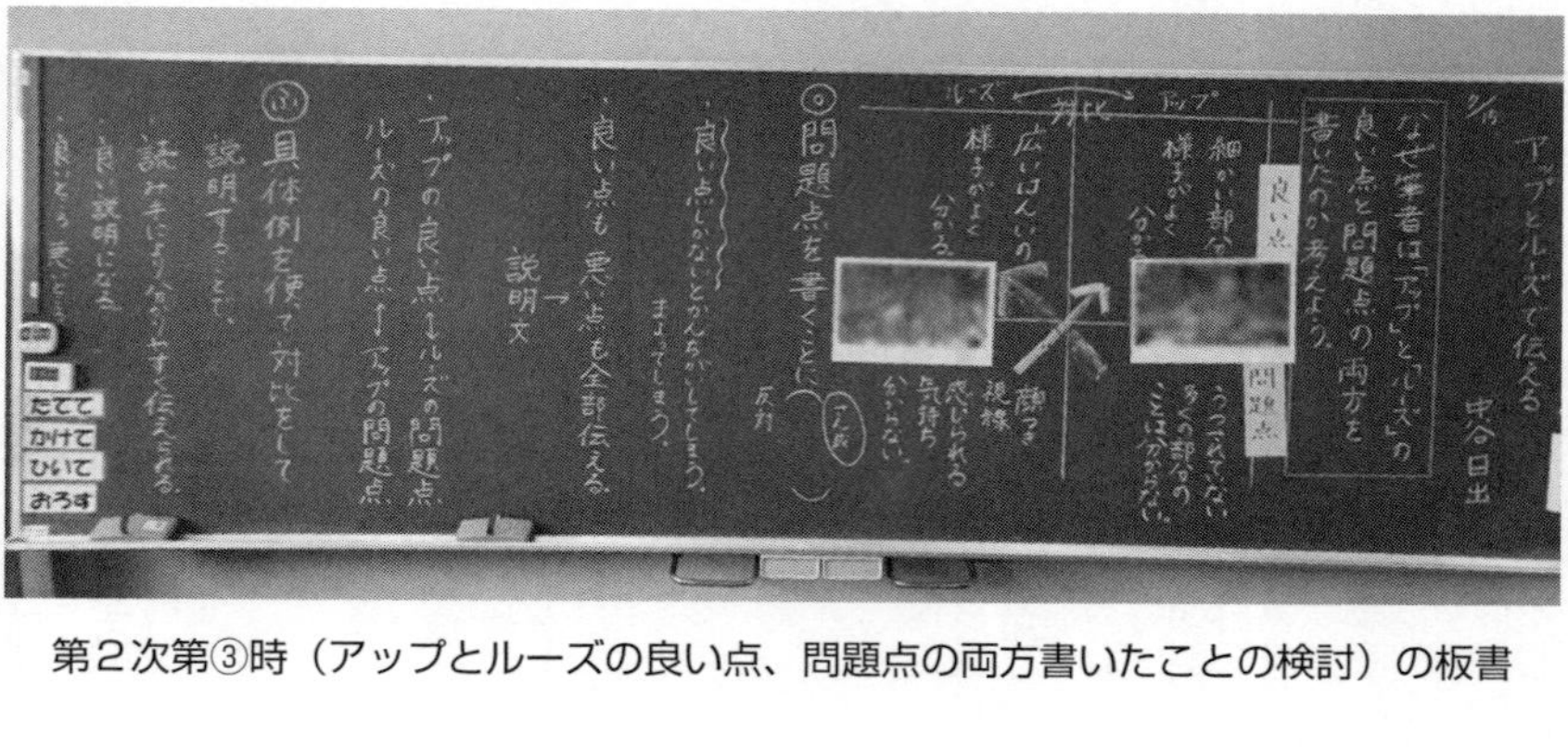

第２次第③時（アップとルーズの良い点、問題点の両方書いたことの検討）の板書

よね？　説明文やから全部伝えようと思うのね。

C6　問題点を書くことに賛成したわけは、アップにはルーズにできないことができるけど、ルーズにできることはできなくて。ルーズにはアップにできないことはできるけど、アップができることはできないということを証明するために問題点を書いていると思います。

筆者の書きぶりに対する自分の考えを問うたことに対して、児童は読者の立場からの考えを示している。C1の「いいことばかり書いていたら（…中略…）問題点なんかないと勘違いする人がいる」、続くC2の「（…前略…）いいことだけしかないのかなと迷ってしまう」「（…前略…）そのままずっと思い込んでしまって勘違いをしてしまう」などは、読者が適切な読書行為ができることが大切であることを意識している。C4の「（…前略…）いいところと、問題なところもあるよ、と説明するほうが、見た人もよくわかる」も、読者への配慮に言及したものである。ここには自分が読者として読んだ場合に、という意識が働いている。それは間接的に筆者の表現行為に対する意識をもつことにつながる。

また、C5は筆者の立場から「説明文なのに、完全に説明できていないから、問題点を書くといい」と発言している。C6の「証明するために問題点を書いている」も同様に筆者意識による発言である。

〔2―A〕のように筆者の意図を直接問わず、児童自身の考えを尋ねた形だったが、児童は単なる内容を確認するだけの読みではなく、読者や筆者を意識した観点から内容を検討する読みを展開した。

③本時の学習をまとめる

こうした批判的読みに係る話し合いを経て、本時の学習のまとめとしての振り返りを書かせた。「具体例を使って対比して説明することで」というリード文を与えている。以下は記述例である。

・具体例を使って対比をして説明することで、良い説明によって勘違いする人がいなくなる。

・具体例を使って対比をして説明することで、片方の良いところ悪いところ、そして、もう片方の良いところ悪いところがわかりやすくなる。

・具体例を使って対比をして説明することで、わかりやすくアップとルーズの違いを比べることができる。

一文だけではあるが、話し合いの内容を受けて、読者、筆者の立場から内容、形式の両面についてまとめている。

■第三次（「アップとルーズで伝える」ということについて考えたことを発表する）〈自分の考え・意見をつくる 3―B〉

第三次の学習としては「学習指導過程モデル」〈3―B〉の「（文章の内容や形式に対する）自分の考え・意見をつくる」読みとして「『アップとルーズで伝える』ということについて考えたことを発表しよう」という学習課題を設定し、それぞれの考えをノートに書かせた。その際、教科書の学習の手引きに示されている「自分が人に何かを伝える場面を、思いうかべる」「本文を一部引用する」という二点を意識して書くことを条件にした。以下は、児童が書いた例である（傍線引用者、以下同じ）。

筆者は、新聞の写真について、「取材のときには、いろいろな角度やきょりから、多くの写真をとっています。」と書いていました。ぼくたちも、学級新聞などを作るときには、ひまわりのせいちょうをとるときは、ルーズでとってせいちょうのようすをとりたいです。（M・K）

筆者は、「だからこそ、送り手は伝えたいことに合わせて、アップとルーズを選んだり、組み合わせたりする必要があるのです。」と書いていました。わたしも説明文を書くときには、わたしたちが、もっとも言いたいことを終わりに書くことができたらいいなと思いました。（I・K）

M・Kは読み取った内容を受けて、自分が表現者（発信者）となったときの心構えについて記述した。やや部分的な箇所への反応にとどまっているきらいもあるが、筆者の主張内容を自己の生活場面で捉えようとしていることがうかがえる。I・Kは形式面（書き方）から、「終わり」の部分にある筆者の主張に着目し、筆者の立場から論の展開としての結論部のあり方に認識が深まったことを述べている。「学習指導過程モデル」〔3―B〕の「（文章の内容や形式に対する）自分の考え・意見をつくる」学習の一つのあり方である。

5 実践を終えての授業者の評価

実践終了後、堀江教諭に授業づくりについてのアンケートをお願いした。以下のような記述が見られた。

「学習指導過程モデル」の資料をいただく前に学習指導案を作成していましたが、モデル図に対応させてみると、とくに第二次第⑤時以降が図（「学習指導過程モデル」図のこと――引用者注）に当てはまったので、この順で、この内容で進めていいのだ、と思えました。新しく学習指導案を考えるときには、単元の大まかな流れをつかむために参考になると思いました。今回の単元では「思いやりのデザイン」と「アップとルーズで伝える」の二つを扱っています。第一次、第二次の括りが図と外れてしまいました。そういうこともあるのかな、と考えています。

批判的読みについては、吉川（二〇一七）を用いて、前年度までに校内研修会で何度か説明したりワークショップをしたりして触れてもらってはいたので、堀江教諭が自力で学習指導案を作成する際にも「学習指導過程モデル」の観点は部分的には意識していたと思われる。それでも、既に作成した学習指導案を改めて「学習指導過程モデル」に対応させると、授業づくりのあり方を捉え直すことができ、モデルがチェック・点検機能を果たしたことがうかがえた。

小学校五年「『弱いロボット』だからできること」（東京書籍・令和二年度版）

5 具体例の果たす役割を探る、筆者の主張について自分の考えを書く

＊「2」以降の本学習モデルは、佐伯直美教諭の大阪府大阪市立大宮小学校における実践とその資料に基づいている。

1 「学習指導過程モデル」に基づく教材の特性

(1)（内容、表現のあり方を）確認、具体化したい箇所

本論部にある二つの事例（「ごみ箱ロボット」「赤ちゃん」）それぞれの説明と、その前の第④段落で述べられている「弱いロボット」の三つの特徴（不完全な部分があること、それによって周りの人の助けを引き出すこと、目的を達成すること）との対応関係を確かめることは必要である。たとえば「ごみ箱ロボット」の「ごみを拾うための機能がありません」は「不完全な部分」である。また、これを見た人が「思わず、手にしたごみを投げ入れたり、落ちているごみを拾って投げ入れたり」することは「周りの人の助けを引き出」すことである。そのうえで、このときの状況を具体化して実感的に捉えることも試みてみる。「ごみ箱ロボット」が「よたよたと歩きながらごみを見つけ」ている様子を見た人は、何と言うだろうか。口頭で言わせてみたり、吹き出しふうにノートに書かせてみたりする。「ごみ箱のくせに、自分で拾えないなんてなあ」とか言うのだろうか。同様に、ごみを投げ入れてもらった「ごみ箱ロボット」は「ほんの小さくおじぎをし」ながら、何と言っているだろうか（心の中で）。二者のやりとりを表現することも楽しい。

「中」のまとめの第⑧段落では、二つの事例について抽象的な表現で述べている。「人々との関わりを作りだす力」「周囲の人どうしの協力関係」「たがいに支え合う心地よい関係」などである。これらは、どんなことを言っているのか、再度二つの事例の具体的な出来事を引き合いに出して説明させたい。

(2) 筆者の発想（＝考えや表現意図）を探ること〔2―A〕ができる箇所

後の「4　授業の実際」でも取り上げているが、本論部の二つの事例の「内容面」では「批判的読みの基本的なあり方」図の「a　内容・特質」に着目すると、「なぜ、二つめの赤ちゃんの例を書いたのか」を位置付けることができる。〔2　読み・検討の観点〕の「①　必要性」や「②　妥当性・適切性」での検討ということになる。第⑦段落の冒頭で筆者は、「この『弱いロボット』が持つ『弱さ』は、人間の赤ちゃんに似ているのではないでしょうか」と述べている。同様な観点で捉えることのできる身近な例を追加し、比較することで理解しやすくしようとしたのだと思われる。このことを考えさせるために、佐伯教諭は両者の「d　共通点・相違点」を明確にすることを学習活動として位置付けている。しかし、赤ちゃんを引き合いに出さなくても、もう一つ別の「弱いロボット」の例（冒頭にある「ただいっしょに手をつないで歩くだけのロボット」）を書いてもよかったのではないか、と投げかけることもできる。

「世界観」の「k　動機」の点では「なぜ筆者は『弱いロボット』のことを書こうと思ったのか」を問う。これは序論部の筆者の問題意識（第③段落）や結論部の筆者の主張（第⑨、⑩段落）の内容を読み深めることになる。

(3) （文章の内容や形式に対する）自分の考えをもつこと〔2―B〕の対象

赤ちゃんの例がある場合とない場合とで、読者として読んだときの感じ、わかりやすさはどう違うか、ということを考えさせることが自分の考えをもつことに相当する。これは、赤ちゃんの例を出すことで、「弱いロ

『弱いロボット』のどのような機能が強調されるかを読み取ることになる（〔2―A〕的には「筆者は『弱いロボット』のどのような面を強調したかったのか」という問いになる）。筆者は、最後の一文で「人間どうしのつながり」について主張している。

(4)〔筆者の発想、主張に対する〕自分の考え・意見をつくること〔3―B〕の対象

結論部の第⑨段落で、筆者は「次々に新しい機能を追加して完全なものに近づけようとすればするほど、テクノロジーとわたしたちの関係は、心地よいものから遠ざかってしまうのではないでしょうか」と問いかけている。序論部でもスマートフォンの例を出して述べている問題意識であるが、まずこのことについてどのように考えるか、自身の体験や見聞きした知識をもとに意見表明させることができる。

また、最終第⑩段落で述べている「テクノロジーとわたしたち人間が共存していくための未来の在り方」について、どのように考えるか話し合ったり、書いたりすることもできる。その際、本文の筆者の考え方をもとに納得する点や、部分的に考えが異なる点について論じさせる。テクノロジーについて論じている別の文献を引用させると、さらに視野を広く取って考察できるだろう。

(5)〔筆者の発想、主張をもとに〕自分の発想・世界を広げること〔3―C〕の方向性

筆者の言う「弱いロボット」の趣旨にかなった（または、さらに趣旨を拡大した）ロボットを自分でも発案して、その説明を書いたり、ポスターにしたりする学習はどうだろうか。一人で発案するのが難しい児童は、複数で考えてもよいし、友達が考えたアイデアをもとにアレンジして作り出してもよい（その場合は、許諾をもらって、または「アイデア○○さんによる」とか明記させる）。(4)同様に筆者の主張を相対化して、テクノロジー論としての自分の考えを、可能な範囲で打ち出させたい。

2 目標

○文の中での語句の係り方や語順、文と文との接続の関係、話や文章の構成や展開、話や文章の種類とその特徴について理解することができる。　【知識及び技能 (1)カ】

○目的に応じて、文章と図表を結び付けるなどして必要な情報を見付けたり、論の進め方について考えたりすることができる。　【思考力、判断力、表現力等 C 読むこと(1)ウ】

○文章を読んで理解したことに基づいて、自分の考えをまとめることができる。　【思考力、判断力、表現力等 C 読むこと(1)オ】

○目的や意図に応じて簡単に書いたり詳しく書いたりするとともに、事実と感想、意見とを区別して書いたりするなど、自分の考えが伝わるように書き表し方を工夫することができる。　【思考力、判断力、表現力等 B 書くこと(1)ウ】

○あるテーマについて、異なる面から見た複数の文章を読んだり自分の経験や知識と照らしたりしながら物事を多角的に捉えようとする。　【学びに向かう力、人間性等】

3 学習指導過程（学習指導計画） 全10時間

第一次 単元の見通しをもつ（3時間）　〈納得・疑問などの感想をもつ 1―X〉

①ロボットとはどんなものか話し合う。二つの文章の範読を聞き、初発の感想を書く。

②初発の感想を交流して内容の大体をつかみ、学習課題を立てる。

③漢字・ことばの学習をする。一人学びを行う。

第二次　二つの文章の内容を読み取る（6時間）

④教科書掲載の資料「テクノロジーが見せる未来」を読み取る。

〈確認、具体化する〉＋〈筆者の発想を探る　2―A〉＋〈自分の考えをもつ　2―B〉

⑤資料「テクノロジーが見せる未来」の要旨をつかむ。用意したテクノロジーに関する資料三、四種も合わせて読む。本文を根拠に自分の考えをまとめる。

⑥説明文「『弱いロボット』だからできること」を読み取る。序論・本論1・本論2「ごみ箱ロボット」を読み取る。

⑦「弱いロボット」とは何か話し合う。本論2「ごみ箱ロボット」とは何か話し合う。

⑧本論3「赤ちゃん」を読み取り、赤ちゃんの例が果たす役割について考える。（本時）

〈筆者の発想を探る　2―A〉

⑨「弱いロボット」を通して筆者が主張したいことは何かについて読み取り、自分の考えをまとめる。

第三次　テーマに対する自分の考えをまとめる（1時間）

〈自分の考え・意見をつくる　3―B〉

⑩「テクノロジーとわたしたちの関わり」に関する異なる二つの考えに対して、自分はどちらの考えに賛成か、筆者の挙げている理由や事例を押さえてテーマに対する自分の意見をまとめる。考えを交流する。

4　授業の実際

■第二次第⑧時（本論3「赤ちゃん」を読み取り、赤ちゃんの例が果たす役割について考える――批判的読みの展開）

〈筆者の発想を探る　2―A〉

本時は、本論部において赤ちゃんの例を挙げて説明している筆者の意図を探ることを目的として行われた。

児童に提示しためあては「なぜ、筆者は「赤ちゃん」の例を挙げたのか、本文を根拠に自分の考えを書き、交流しよう」である。以下のような流れで展開した。

1　第④段落（弱いロボットの例の段落）から最後まで一斉音読する。
2　「弱いロボット」の特性を「赤ちゃん」の例で置き換える。
3　本論③「赤ちゃん」の具体例が果たす役割について自分の考えを書く。
4　交流する（ペア→全体）。
5　振り返りをする。

2の学習で、二つの事例の対応関係（共通点・相違点）を確認し、そのうえで3の学習で、赤ちゃんの例を持ち出して述べている筆者の考えに迫ろうとした（〈2―A〉の学習）。2の学習はまず、次のように赤ちゃんのことを述べた部分で、弱いロボットの特性の三つが出ているところを具体的に捉えさせた。

T1　では、②番（弱いロボットの二番目の特性である「周りの助けを引き出す」のこと――引用者注）は？
C1　赤ちゃんは「何もできないのに、周りの大人たちの関心と手助けを引き出します。」
T2　具体的に言っているところない？「関心」と「引き出します」って、何をするって書いてあるの？詳しく書いてない？
C2　「赤ちゃんがぐずりだすと、大人たちは、『おなかがすいたのだろうか』『遊んでほしいのかな』などと考え、ミルクを用意したり、おもちゃで遊んだりします」だと思います。
T3　どうでしょう。周りの人が何してくれるかなっていうところだから、いい？　そこ、線引っ張っといてね。
みんな赤ちゃん見たことある？　ミルクを用意したことありますか？　おもちゃで遊んであげたこと

がある人？（数人挙手。）

このように三つの特性を赤ちゃんの事例で具体的に確認したところで、次のように二つの事例の共通点と相違点を考える学習へと進んだ。

T4　じゃあ、ちょっと考えてね。ごみ箱ロボットと赤ちゃんの同じところってどこ？　共通するところ。

（黒板にベン図を書く。）

（ペアで話し合う。）

C3　弱いところです。

C4　赤ちゃんがぐずり出す、ごみ箱ロボットもしゃべってたから、同じだと思います。

T5　あー、助けを引き出すって感じかな。

C5　周りの人の助けを引き出して、目的を達成するところです。

C6　一人では何もできない。

T6　そうですね。よく読んでるね。一人では何もできないね。

C7　ちゃんとしたことばはしゃべられへんけど、どっちも自分に何をしてほしいかということをアピールしている。

T7　なるほど。じゃあ、いい？　赤ちゃんとごみ箱ロボットの違うところは、どんなところ？

（ペアで話し合う。）

C8　違いは、赤ちゃんは人間で、ごみ箱ロボットは書いてるとおり、ロボット。

C9　赤ちゃんは、どんどん時間が経って成長していくと思う。不完全な部分や周りの助けを引き出すというのがなくなっていったり、自分で目的を達成することができるけれども、ごみ箱ロボットはそのまんまなので、目的を達成するとかは、周りの人の助けを引き出したりしないと、うまく目的を達成できず、不完全な部分がまだあるままになっていると思います。

T8　赤ちゃんは成長していく、でもロボットは成長しませんよね。

この後も双方の違いを指摘する意見が続いた後、佐伯教諭は次のように問うて「周囲の人どうしの協力関係も作り出している」ことに着目させようとした。

T9　考えて欲しいんだけど、ごみ箱ロボットって役に立つじゃん。きれいにするよね。赤ちゃん、どう、食事もらって、欲しいものもらって、役に立ってる？

（C　立ってない……。　C　立ってるやろ。）

T10　どう？　本文に書いてあるんじゃない？　赤ちゃん、力ないやん。

C10　「赤ちゃんは、その『弱さ』ゆえに、人々との関わりを作りだす力を持っています。」

C11　「周囲の人どうしの協力関係も作りだしているのです。」

T11　よく見つけたね。⑧段落見てごらん。

（第⑧段落の最初の二文を一斉音読。）

T12　「周囲の人どうしの協力関係」、マルしてごらん。

T13　これどういうこと？　具体的に説明できる？　「周囲の人どうし」、人がいるんだって。赤ちゃんと人、これ、わかるよね。ここの「人どうしの協力関係も作りだしているのです」（「赤ちゃん」の語の周り・四方に配置した「人」を線で結んで）。これ、どういうこと？

C12　家族に赤ちゃんが生まれて、その近所の人がお祝いに来て、仲よくなったら、協力関係が作り出される。

T14　そんなことがあります？　赤ちゃんが生まれたら。近所の人が来て、「あーよかったね」って協力しようねって、あるかもしれないね。他、どんなのある？

C13　もし、おじいちゃん、おばあちゃんとかの家へ行って……。

T15　おばあちゃんたちも「かわいいなあ」って協力している様子が見られるかな、そういう感じかな。

こうして、弱いロボットと人との関係だけでなく、周囲の人相互のつながりをも生み出していることを確かめた後、赤ちゃんの事例を挿入した筆者の考えについて問うた。

T16　今日のめあてに戻るよ。筆者は、赤ちゃんの例を挙げてるんです。弱いロボットの説明をするのに、ごみ箱ロボットだけではなくて、赤ちゃんの例も挙げてるんよね。ごみ箱ロボットだけでいいと思うねん。じゅうぶんじゃない？　でも、赤ちゃんを挙げてるの、わざわざ。筆者は、なぜこの赤ちゃんの例を挙げたんだろう。考えるときに、必ず本文のここに書いてあると本文を根拠にする、それで理由を書いていく、自分のことばで書いていく。しっかり書いてみましょう。

一〇分程度の書く活動を経て、児童は次のように記した（傍線引用者）。

筆者が赤ちゃんの例を挙げた理由は、弱いロボットと赤ちゃんの共通とそうい点を挙げて、赤ちゃんと弱いロボットは同じ存在だということを読者に伝えたかったから。「弱いロボット」は人間どうしのつながり

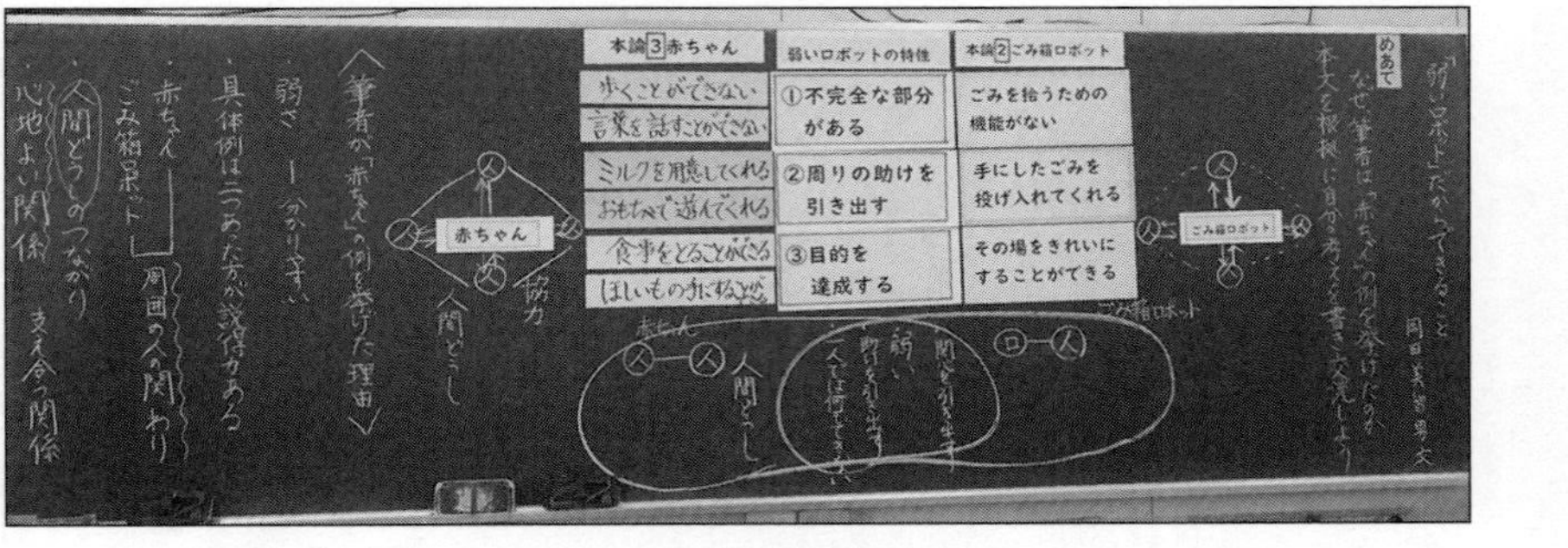

第２次第⑧時（赤ちゃんの例が果たす役割について考える）の板書

の中に求められるものだということを伝えたかった。弱いロボットと赤ちゃんは、人々との関わりを作り出す力と周囲の人どうしの協力関係を作る力があることを伝えたかった。

ぼくは、本文の④、⑤だん落のごみ箱ロボットについてのところと、⑦、⑧だん落の赤ちゃんについてのところ、両方に、「周りの人との協力」や、「関わり」という言葉がでてきたことから、筆者はごみ箱ロボットのような弱いロボットでも、赤ちゃんのように、周りの人の協力を引き出すことができるということが一番分かりやすかったからだと思います。

本文のことばを根拠に、「弱いロボット」との共通点に着目して、赤ちゃんの事例を述べることの意図を推しはかっていることがうかがえる。〔2―A〕の筆者の発想を探る学習をとおして、「弱いロボット」の機能面での特徴をより深く捉えることにつながったと思われる。佐伯教諭は、二つの例の共通点・相違点を確認したうえで、赤ちゃんの例を挿入した筆者の発想に迫るという手堅い展開を行っている。学習者の実態に即した取り組みで評価される。一方で、「筆者は、なぜ赤ちゃんの例を挙げたか」の問いを前倒しにして、この問いの解決のために二つの例の共通点・相違点を確認していく展開を取ることもできる。様々に試みて、効果や課題を整理していきたい。

■第三次（テーマに対する自分の考えをまとめる）〔自分の考え・意見をつくる　3―B〕

第三次では、「テクノロジーとわたしたちの関わり」について、自分の考えを書かせた。異なる二つの考えを読んできたわけだが、自分はどちらの考えに賛成か、筆者の挙げている理由や事例を踏まえて、最終的な自分の考えをまとめさせ、交流させた。「学習指導過程モデル」では、〔3―B〕の「（筆者の発想、主張に対する）自分の考え・意見をつくる」読みに当たる。記述前に、それぞれの教材文の主張点や、それらに対する自分の考えを簡単にメモさせて構成を確認する時間も取った。児童は、以下のように書いた（二例とも傍線は引用者、／は改行）。

テクノロジーの進歩について、ぼくは、高性能化ばかりするのではなく、弱いロボットのようなものもバランスよく取り入れていくべきだと思います。／理由は、二つあります。一つ目は、人間がロボットに何かをしてもらう存在であることを当たりまえのように感じてしまうと、人間が何もしなくなってしまうからです。今でも機械がこわれると、「なぜこうなるの。」と、ぼくも感じてしまいます。二つ目は、心地よい関係ができるからです。弱いロボットがいると、たよりなさそうに見えて、助けようとします。そうすることで、おたがい助け合えて、心地よい関係が生まれます。人と人が助け合って感じる心地よさは、家や学校など、ぼくも様々なところで喜びを感じることができます。それと同じ感情をこのロボットとは感じることができます。／ぼくは、この心地よさをロボットとも感じることが大切だと思います。

この児童は『弱いロボットだからできること』派である。テクノロジーの進歩は肯定するが、そのあり方を考えるべきで、その際、教材文のキーワードでもあった「弱いロボット」が具現している「心地よい関係」を「心地よさ」ということばで主張している。家庭生活や学校生活で自身が得られている「人と人が助け合って感じる心地よさ」を「喜び」と受けとめている、この児童の生活のありように基づいての書きぶりであると思われる。「理由は、二つあります。一つ目は、（…中略…）。二つ目は、（…後略…）」と端的に記述しているのも明快である。

次の児童は、もう一方の教材文派である。

テクノロジーの進歩について、わたしは、資料の考えに近いです。／理由は、テクノロジーが進歩することにより、どんどん便利になっていくからです。現在わたしたちはスマートフォンやパソコン、ゲーム機などを日常的に使っています。それらは、人が楽しむものだったり仕事で使ったりするものですが、それらが進歩することにより、もっと効率的に仕事ができたり人が楽しめる世の中になることが考えられるからです。／具体的な例を挙げるため、家族の小さい頃と今の技術を比べました。家族の小さい頃は、調べ物をするとき辞書や資料を使って調べてたそうで、今は、タブレットやスマートフォンを使って調べられています。／このような話を聞いて、わたしは改めてテクノロジーの進歩は大切なことだと思った。

この児童は、家族への聞き取りによって得られた、自分が知らない以前の生活における調べ活動の実態を参考にして、自分の考えを主張する根拠としている。「具体的な例を挙げるため」と言って説得力を出そうとしている点や、「家族の小さい頃と今の技術を比べました」と比較思考を使って根拠を明確に示そうと考えている点など、何となく雰囲気で考えるのではなく、しっかりと主張していこうとするこの児童の学びの姿勢を見ることができる。

佐伯教諭は、実践の振り返りのなかで、第三次で「テクノロジーの進歩について自分の考えを書く」ことが目標であるので、教科書の教材文や資料だけでなく、授業者が最近のテクノロジーに関する資料をいくつか用意し、児童がいろいろな視点からテクノロジーに関する考えをもてるように工夫したことが効果的であったと述べている。また佐伯教諭は、友達の考えを聞き合う際には、自分と同じ考えなのか違うのか、主張に説得力がある具体例が挙げられているか、構成がまとまっているかなどを意識するよう促している。その結果「〇〇さんの文章は、身近にある具体例を述べていて説得力が感じられる」「予想される反対意見も書いてあり、わかりやすい」など、考え方や書き表し方についてメタ認知することにも成果が認められたとしている。

小学校六年「プロフェッショナルたち」（東京書籍・令和二年度版）

6 事例の内容や価値、必要性を検討する、自分で結論部を書く

＊「2」以降の本学習モデルは、中里博子教諭の宮城県仙台市立柳生小学校における実践とその資料に基づいている。

1 「学習指導過程モデル」に基づく教材の特性

(1) （内容、表現のあり方を）確認、具体化したい箇所

本教材では、三人のプロフェッショナルについて、それぞれの生き方を決めたエピソードが述べられ、最後の部分でそうした生き方を的確に表すことばが置かれている。海獣医師、勝俣の場合、「せめなければ道は開けない。その覚悟を持つことが海獣医師の責任だと、勝俣はこのときさとった」という一文で締めくくられている。ここにある「せめる」や「覚悟」とはどういうことか具体的に説明させたい。前のエピソードのなかのどのことを指しているのか、それはどういう意味で「せめる」ことなのか、「覚悟」ということになるのか、自分のことばで説明することを求める。板金職人、国村の「日本の職人魂」「向き合うのは自分の技量」、パティシエ、杉野の「いっさいの妥協も許さない」「自分の職業をひたすらきわめていく」なども同様である。

(2) 筆者の発想（＝考えや表現意図）を探ること〈2―A〉ができる箇所

「批判的読みの基本的なあり方」図の〔3 読み・検討の対象〕の「内容面」「b　種類」を意識すると「なぜこの三人を選んで書いたか」を問うことができる。これに答えるためには、それぞれの仕事に対する向き合

い方の特徴や共通点を、比較しながら検討することが必要となる。あまり知られていない仕事、日本の産業を支えてきた仕事、若者に注目されている仕事などの他にも、様々な見方があるだろう。同じく「形式面」「g 順序」では「なぜこの順番で説明（紹介）したか」となる。六年生には馴染みが少ないと思われる仕事の順だろうか、または（仕事そのものではなく、仕事の対象となっている）内容として親しみのある動物、菓子をはじめと終わりにもってきて読みやすくしたのだろうか。「j 図表・絵・写真等」では、国村だけが写真が一点のみと少ないのも気になる。なぜだろうか。

⑶ **〈文章の内容や形式に対する〉自分の考えをもつこと〔2―B〕の対象**

右のことについて自分としてはどう思うかを考えさせることの他には、内容面では「それぞれの人の仕事の仕方を読んで、心に残ったことばは何か」「考えさせられたことばは何か」ということについて問うことができる。形式面では、各人の最後に四角囲みで「プロフェッショナルとは」について一人称で語っていることばが挿入されているが、このことのよさ（効果）はあるか、あるとすればどういうよさか、考えを尋ねることができる。これらは裏返せば、なぜ筆者はそのように書いたかという〔2―A〕の問いとなる。

⑷ **〈筆者の発想、主張に対する〉自分の考え・意見をつくること〔3―B〕の対象**

「プロフェッショナルとは」ということについて考えたことを書いたり話し合ったりさせる。本文にも四角囲みで示されているが、総まとめとしての最後の「プロフェッショナルとは」をつくるのである。後述する「4 授業の実際」では、本文にはない結論部を書かせているが、同様な機能を果たしていると言える。「わたしの考えるプロフェッショナル」という題目で書くこともできるだろう。

⑸ **〈筆者の発想、主張をもとに〉自分の発想・世界を広げること〔3―C〕の方向性**

三人の生き方のうち、誰の仕事の向き合い方に最も共感したか（引かれたか、考えるところがあったか）、自分の考えを表現させる。さらには、そうした仕事への姿勢を踏まえて、自分はどのような仕事を、どのようにしたいか、未来を展望して書き留めさせ、交流させたい。仕事を特定できなくてもよい。こういった関係の仕事、というレベルでもよい。二人、三人の姿勢を合わせて、という形もあるだろう。

2 目標

○原因と結果など情報と情報との関係について理解することができる。【知識及び技能 (2)ア】

○目的に応じて、文章と図表などを結び付けるなどして必要な情報を見付けたり、論の進め方について考えたりすることができる。【思考力、判断力、表現力等 C 読むこと(1)ウ】

○文章を読んで理解したことに基づいて、自分の考えをまとめることができる。【思考力、判断力、表現力等 C 読むこと(1)オ】

○筋道の通った文章となるように、文章全体の構成や展開を考えることができる。【思考力、判断力、表現力等 B 書くこと(1)イ】

○文章を読んで、そこに描かれた人物の生き方から、自分の将来の夢や生き方を考えようとする。【学びに向かう力、人間性等】

3 学習指導過程（学習指導計画） 全9時間

第一次 単元の見通しをもつ（3時間）

〔納得・疑問などの感想をもつ 1―X〕

①題名を読んで内容を予想する。単元の課題（結論を書く）を知る。結論について知る。

②全体の構成をつかむ。序論の問いの部分を確認する。

③新出漢字、ことばの意味などを学習する。〔確認、具体化する〕④―⑦時

第二次　本論を読み取る（4時間）

④勝俣の事例を読む。

⑤国村の事例を読む。

⑥杉野の事例を読む。

⑦三人の事例を比較して読む。（本時）〔筆者の発想を探る　2―A〕

第三次　結論を書く（2時間）〔自分の考え・意見をつくる　3―B〕

⑧結論について確認する。結論を書く。

⑨書いた結論を交流する。

こうした学習指導過程を構想するための教材研究として、中里教諭は吉川（二〇一七）の「批判的読みの基本的なあり方」図に基づいて、本文の表現、内容を分析している（四八頁）。

4　授業の実際

■第二次第⑦時（三人の事例を比較して読む――批判的読みの展開）〔筆者の発想を探る　2―A〕

本時は、挙げられている三人のプロフェッショナルたちを比較して読む時間である。中里教諭が設定しためあては「三人の共通点や相違点を見つけよう」である。これまで個別に見てきたプロフェッショナルぶりを、まとめて捉えさせようとする学習である。論理的思考力としての「比較」の思考を活用させることになる。授業の流れは、以下のようである。

1　本時の見通しをもつ。

2　筆者は誰のことを一番強く伝えたいと思っているのか考える。
3　国村の事例の価値について考える。
4　「どんな発想」「どんな試行錯誤」かということについて、三人の共通点、相違点を考える。
5　次時の活動を知る。

こうした授業設計をするに当たり、中里教諭は吉川（二〇一七）の「批判的読みの基本的なあり方」図を参考にしたうえで、学習指導案のなかで発問を設定した意図を説明している。

2については「筆者が一番強く伝えたいと思っているのは誰か」という発問を位置付けている。これは図の〔3　読み・検討の対象〕のなかの「形式面」「f　説明の分量」から発想したとしている。中里教諭は、頁・行数と比べると、量の多さは杉野、勝俣、国村の順と言えるが、述べられている順序に注目し、「はじめに登場する勝俣」と考える児童がいても認めていくとした。事例の分量の多少は、筆者の意図によるものであること、したがって児童が文章を書く側になったときにも意識させたい観点であるとした。

3については「国村の事例はなくてもよいか」「あることによって筆者は何を伝えたいのか」を準備している。前者は図では「B　自分の考え・論理の形成」の、後者は「A　筆者の発想の推論」の観点での問いということになる。中里教諭は図の〔3　読み・検討の対象〕のなかの「内容面」「c　価値」に着目し、分量の一番少ない国村の事例の必要性を問うてみようとした。「知る人ぞ知る」「小さな町工場」の板金職人という表に出ることの少ない地味な仕事、「先輩が、『うちに来ないか。』とさそいに来」て偶然に出会った仕事でも、「必死」に「歯を食いしばって」「試行錯誤を続け」て努力し、世界新記録をぬりかえるプロフェッショナルになることができるという他の二人との違いに気付かせたいと考えたのである。

4については「三人の似ているところはどこだろう」「勝俣と杉野の二人が似ているところはどこだろう」

という発問を考えている。困難な状況を経験していること、あきらめずに必死に取り組んだことなどが成功へとつながっていることを見いださせたいという意図である。個別には、勝俣については「十年目」に大きな失敗をしていることを、国村については車両の仕事について「数年続いた後」に大きな依頼がきたことを、杉野については「四年目に入ったある日」店で修行が許されたことから転機が訪れるまでに長い時間がかかっていることを捉えさせたいとしている。これらのことは、第三次で書く結論部に自分なりのことばを使って表現させたい要素だと考えたからである。

勝俣と杉野の二人の共通点については、勝俣は「子供のころ」、杉野は「中学二年」から大好きなものに出会い、それを仕事にしていることに着目させたいとしている。

3の「国村の事例の価値について考える」部分の授業では、国村と他の二人を比較させ、違いを明らかにするところから始めた。

T1　この二人（勝俣、杉野のこと――引用者注）と国村さんの違うところって、どんなところかな。ノートに考えを書いてみましょう。（個人で書いた後、ペアで交流。）

C1　国村さんは、子どものときからの夢がない。

C2　勝俣さんと杉野さんは、夢とか憧れてなったけど、国村さんだけは、たまたま…。

T2　こっちの二人は、小さいときからの憧れの仕事があったんだよね。他のこと、書いた人いますか。

C3　勝俣さんはいっしょで、杉野さんはパティシエだけど、国村さんの仕事は板金職人っていうマニアックな仕事だと思う。

T3　マニアックってどういうこと？

C4　あまり、それになりたいっていうことがないんじゃない…。

T4　確かに、お医者さんになりたいとか、パティシエになりたいっていう人は、聞いたことあるよね。でも、板金職人になりたいっていう人は……。

（C　聞いたことない。）

この後も「あまり有名な仕事じゃない」「国村さんは二人と違って、働く範囲が違って、二人とも要は日本で働いているんだけど、国村さんはじっと小さな町工場の中で働いているんだけど、二人は海外に行って修行に行ったり、海外から注目されて有名になったりする」「国村さんは、この二人に比べて大きなことはしていない」などのマイナスイメージの印象が出された。これらを受けて、授業は以下のように展開した。

T5　そう考えると、なんか国村さんて、もしかしてなくてもいいんじゃない？　この話に。だめ？　だって、「たまたま」だし「マニアック」だし、「小さな町工場」だし、「十一人だし」、仕事もなんか「小さい」って、みんな言ったでしょ。なくちゃだめ？

（C　「いや……」「いるよね……」の声も。）

T6　じゃあさ、筆者は国村さんの話を載せることで、どんなことを伝えたかったんだろうね。考えをノートに書いてみて。これだけ聞くと、もうなくてもいいんじゃない、この話？　みんな話が「長い」って言ってたでしょ。（「筆者はどんなことを伝えたいのか」と板書。各自ノートに書いて、ペア交流を経て全体発表へ。）

C5　どんなことでも歯を食いしばって頑張っていることや、あきらめかけても試行錯誤を続けると努力が実るということを、小さくて有名じゃなくても、そういうプロフェッショナルの形があるということ。

T7　似てたよ、という人？

C6　目立つだけがプロフェッショナルというのではなくて、目立たなくても、小さかったりしても、努力して壁を乗り越えたりしてきた、それもプロフェッショナルだということを伝えたいんだと思います。

C7①　勝俣さんや杉野さんと比べて、逆の考えをすると、こういうのもプロだっていうこと。

T8　えっ？　わかった？　意味。どういうこと？　よくわかんないな。もう少し、詳しく言ってくれる？

C7②　勝俣さんや杉野さんと比べると、勝俣さんや杉野さんのほうがみんなすごいと思うけど、逆の考えをすると、国村さんも勝俣さんみたいに、注目を浴びなくて、杉野さんみたいに外国に行って修行しなくても、比べて逆の考えをしたら、こういうのもプロだってわかる。

（C　あー！　わかった！）

中里教諭は、まずT1で、三人の事例相互を比較する形で国村さんの事例の内容の特徴を確認した。そのうえで、T5で国村さんの事例の価値（＝筆者が国村さんの事例を書いた意味、考え）を「なくてもよいのでは」という否定を促す方式で問うた。さらにT6で、筆者が国村さんの事例を書いた意図に迫った。「批判的読みの基本的なあり方」図のAラインの「なぜ筆者は…のだろう」タイプの読み方を求めたものである。C5、6、7は、それぞれに国村さんと他の二人の違いを明確に意識したうえで、国村さんのプロフェッショナルとしての独自性、特有の意義、価値から、この事例を述べることの必要性に言及している。

事例内容を具体的につかませてから、それを述べている筆者の意図に迫るという道筋での丁寧な指導が、児童に無理なく批判的読みを経験させることにつながった例だと思われる。

■第三次（結論を書く）　〈自分の考え・意見をつくる　3―B〉

第三次に〔3―B〕型の批判的読みの学習として、筆者になって結論部を書く活動を位置付けた。序論部、本論部はあるが結論部はない、という本教材の表現上の特性を生かしたものである。児童は、以下のような結論部を考えて記述した（傍線引用者、以下同じ）。

プロフェッショナルたちは、みんなきっかけがあるわけではない。しかし、三人とも一度は必ず失敗をしている。その失敗をのりこえて成功につなぐことこそが、真のプロフェッショナルなのではないだろうか。

たとえ、全てが手さぐりで始まっても、その中で働くことのだいご味を見つけ出し、そして目標を見つけ、それに向かってがんばることが仕事のおく深さなのかもしれない。プロフェッショナルたちにとっての一番の楽しさ、それは仕事をすることにちがいない。もし楽しくなければ、試行錯誤を積み重ねる意味はなく、言われたことだけをやっていればいいはなしではないだろうか。そして、これからもプロフェッショナルたちは試行錯誤を積み重ねていくのだろう。

（Y・T）

第二次で三人の共通点・相違点を考えた学習を生かし、傍線部に見られるように、共通部分を強調する形でプロフェッショナルとしての三人の職人としての姿勢を総括し、自分の考えとしてしっかりと書いている。「働くことのだいご味」「試行錯誤」などそれぞれの仕事への向き合い方を表す本文のキーワードを使いながらも、「目標を見つけ、それに向かってがんばること」「一番の楽しさ、それは仕事をすること」など自身が読んで認識した内容も位置付け、筆者の意図を推論し、筆者になったかのように自分の読み・考えを表現している。

このように結論部を書く準備の学習として、中里教諭は「〜という考えの根拠は本文のこの言葉、この文章！」という問いを設定したワークシートを用意している。先に示したY・Tは、次のように記している。

・たとえ全てがてさぐりで始まっても、その中でだいご味や目標を見付けてがんばる。
　勝俣悦子　三だんらく目……全てを手さぐりで始めなくてはならなかった。
・一番の楽しさ、仕事をすることではないだろうか。

杉野英実　十一だんらく目……ひたすら菓子作りに没頭する毎日。

結論として自分が書きたい内容を決定させるとともに、その考えの拠り所となる本文のことばを明確にさせることに機能している。第二次の学習で結論部に書く内容は取材できているわけだが、これを書かせることによって、最終的な構想を簡潔に行わせたことになる。

さらには、書き上げた結論部を互いに読み合う学習活動をその後に設定している。Y・Tの結論部を読んだ児童は、次のようなコメントを記している。

・楽しい仕事＝試行錯誤ができるというのが私の考えと少し似ていました。（Y）

・「一番の楽しさは、仕事をすること」という意見が私と少し違いました。（M）

・「成功につなぐ」という言葉は使ったけど、こまかくは書かなかったので良いと思いました。（T）

・考えが少し似ていると思いました。仕事のおく深さについて良く書けていると思いました。（M）

時間のこともあっただろうし、複数の児童のものを読んでコメントしなければならなかったという事情はあったと思うが、どう違ったのかについて書かれていれば、コメントを受けた本人（Y・T）も大いに参考になるだろう。または、こうやって書いたものをもとに、簡単な口頭での交流をするということも考えられるだろう。

いずれにしても、自分も同様に結論部を書いているからこそ、内容や表現について的確に比較し、検討していることがうかがわれる。この学習活動によって「自分の考え・意見をつくる」ことが、さらに推進されたのではないかと思われる。

小学校六年「森へ」(光村図書・令和二年度版)

7 筆者の見方・考え方を捉え、生かして、筆者のように表現する

＊「2」以降の本学習モデルは、片岡慎介教諭の兵庫県西宮市立段上小学校における実践とその資料に基づいている。

1 「学習指導過程モデル」に基づく教材の特性

(1) (内容、表現のあり方を)確認、具体化したい箇所

本教材には、森を擬人化して描写している表現が随所に登場する。「森は、おおいかぶさるようにせまっていました」「びっしりとおいしげる樹林が、ぼくがこの森に入ることをこばんでいるようでした」に始まり、「森全体が、一つの生き物のように呼吸しているようでした」「森の木々が、じっとぼくを見つめているような気がしました」と展開し、最後には「森はゆっくりと動いているのでした」と締め括られる。筆者の目にこのように映った森の様子はどのようなものか、本文にある説明をもとに類推させたい。掲載されている写真も手がかりにして、「岩や倒木までが、たがいにからみながら助け合」っているとは、どのようになっているのか等、情景を言語化することでその時々の森のありようをより鮮明につかませるようにする。

(2) 筆者の発想(＝考えや表現意図)を探ること〈2—A〉ができる箇所

本教材では、森で見たもの(事例)として、樹木を中心に描写している。そこに冒頭のハクトウワシやザトウクジラ、後半のクマやサケなどの動物のことが述べられる。そのなかで異質なのが、中ほどのところに登場

するクマの古い糞からたくさん伸びる「白いキノコ」の記述部分である。なぜ、筆者はわざわざ「ふと気がつくと」という書き出しにしてまで、「白いキノコ」のことを書いたのだろうか。もちろん「厳しい自然では、わずかな栄養分もむだにはならないのです」と書いている。が、そのことだけにとどまらないことを言いたいがために、写真まで添えて述べているのではないか。本文の最後（まとめ）のところで「森はさまざまな物語を聞かせてくれるようでした」と言っている「物語」ということとの関連で考えさせたい。「森はゆっくりと動いている」と締め括っている主張との関係で推論することもできる。

(3) （文章の内容や形式に対する）自分の考えをもつこと〔2―B〕の対象

右の「白いキノコ」の事例挿入の意味、意義について、自分としてはどう考えるかを考えさせることができる。また、題名の「森へ」についても検討できる。〔2―A〕の観点で言うと「なぜ筆者は『森へ』という題名にしたのか」ということになる。読者として、この題名はふさわしいかどうか、どう思うかである。本文最後の一文から「森は動いている」や「動いている森」ではどうか、比較させて考えを促すこともできる。

また、動物や森の描写のなかで、魅力的に感じたところ、自然への見方を考えさせられたところを取り出し、そこに着目した理由や、どのような魅力や見方を感じたのかを説明することも、この文章を味わうことになる。

(4) （筆者の発想、主張に対する）自分の考え・意見をつくること〔3―B〕の対象

「森はゆっくりと動いているのでした」と筆者が結論付けたことについて、どう考えるだろうか。どういうことを指して「動いている」と言っているのだろうか。筆者が森のなかで経験したことを根拠に「動いている」とする理由付けを表現させたい。「ゆっくり」と表現しているのはなぜだろうか。これは〔2―A〕の筆者の発想の推論にもなるが、このように時間的な概念を持ち出して評していることについて考えることも、本文を読み深めることに通じる。「気の遠くなるような時間をかけて、森ができあがったのです」と、森へ入っ

て間もなくの段階で筆者は述べている。その後、森のなかで目にした光景、事実を引き合いに出して考えられるとよい。

(5)（筆者の発想、主張をもとに）自分の発想・世界を広げること〔3―C〕の方向性

森を時間軸に基づく物語性、悠久性の観点から捉えている筆者の自然に対する見方・考え方を、自然に関して書かれた他の本、資料等と読み比べて検討する学習を設定してみる。共通しているところはあるか、筆者（星野さん）と違った自然への向き合い方は見られるか、そうした共通点・相違点について自分はどのように考えるか、話し合ったり、書きまとめたりする。角度を変えて、筆者が見た森の樹木になって、この森の歴史（＝物語）を語る、という学習も想定できる。筆者が得た森（自然）に対する認識をもとにして、森の主人公、当事者としての発言、本音を表現する。

2 目標

○文の中での語句の係り方や語順、文と文との接続の関係、話や文章の構成や展開、話や文章の種類とその特徴について理解することができる。【知識及び技能 (1)カ】

○「森へ」に表れる星野さんの「自然に対する見方・考え方」と「書きぶり」を読み取ることができる。【思考力、判断力、表現力等 C 読むこと(1)ウ】

○「森へ」で読み解いた星野さんの「自然に対する見方・考え方」や「書き方の工夫」を活用し、星野さんの写真に合う文章を書くことができる。【思考力、判断力、表現力等 B 書くこと(1)ウ】

○星野さんの写真に合う文章を書くという活動（ゴール）に向けて、書きぶりを精査しながら粘り強く作品を仕上げることができる。【学びに向かう力、人間性等】

3　学習指導過程（学習指導計画）　全8時間

第一次　初発の感想交流から学習の見通しをもつ（1時間）　〈納得・疑問などの感想をもつ　1―X〉

①「森へ」を読み、感じたことを交流する。筆者の写真に文章を付けるという単元のゴールを知り、学習の見通しをもつ。

第二次　筆者の「自然に対する見方・考え方」や表現方法について考える（4時間）　〈筆者の発想を探る　2―A〉②―④時

②③筆者の「自然に対する見方・考え方」について考える。

④臨場感が伝わる筆者の「書き方の工夫」について考える。（表現技法編）

⑤筆者が撮った写真（筆者のウェブサイト上のギャラリーより抜粋）の中から自分が選んだ写真に合う、筆者の「書き方の工夫」について考える。（文章構成編）　〈自分の考えをもつ　2―B〉

第三次　自分が選んだ写真に合う文章を書く（3時間）　〈自分の発想・世界を広げる　3―C〉

⑥選んだ写真から読み取れることを書く。（手がかりを集め、下書きをする。）

⑦選んだ写真に合う文章を書く。（清書する。）

⑧展覧会を開く。（相互評価・自己評価を行う。）

4　授業の実際

■第二次（筆者の「自然に対する見方・考え方」や表現方法について考える）

本実践は、最終第三次で、筆者が撮った写真のなかから一枚を自分で選び、その写真にふさわしい説明文を教材本文に倣って書くという学習活動を設定している。よって第二次の本文を読み深める学習は、そのための準備という位置付けになる。筆者自身の自然体験を共有しながら読み進められるように表現された紀行文であることを踏まえ、批判的読みの学習は、〔2―A〕の「筆者の発想を探る」観点のものも「なぜ筆者は……」と問う形ではなく、本文の内容や形式（書き方）から筆者の「自然に対する見方・考え方」を見いだすことを中心にしている。本文に見られる筆者の見方・考え方（認識のありよう）を探ることは、なぜ筆者はこのような内容のことを、このような展開、ことばで伝えているのか（伝えようとしているのか）、筆者の世界観（動機）を見いだすことに通じる。教材の特性に応じた、批判的読みのあり方の一つとして捉えておきたい。

(1) 第②③時（筆者の「自然に対する見方・考え方」について考える）〔筆者の発想を探る 2―A〕

まずは筆者の自然に対する見方・考え方（認識内容・方法）を探る学習からである。第二次第②③時の授業は、めあてを「星野道夫さんの自然に対する『見方・考え方』を探ろう！」として、以下のように構成した。

(1)課題（めあて）の把握
(2)手がかり探し（個人学習）
(3)自分の意見（三つ）の記述
(4)意見交流
(5)まとめ

今回は、課題把握をより確かなものにするために、児童の感想の一部（「星野道夫さんが、なぜ動いているのが感じられたのかが疑問です」）を引用し、「自然に対する『見方・考え方』を探る」とは、どういうことなのか」という学習の方向性を示した。そのうえで、片岡教諭は「手がかり探し」と称して、本文の「星野さんの自然に対する『見方・考え方』がわかるところ」に線を引き、理由をメモすることを個人学習として設定した。さらには、それらに対する自分の意見をつくらせるために、線を引いたなかから三箇所を書き抜きさせ、どのような見方・考え方が読み取れるか記述させた。ある児童は「森全体が、一つの生き物のように呼吸しているようでした」の箇所から「それぞれの生き物が協力して、ここまでの森をつくったはく力を感じている。ただ、動かないものじゃなくて、一つの生き物としてとらえている」と記している。

こうした充実した個人学習に基づいた全体交流は次のように展開された。

C1　サケを手づかみして、「ああ、なんと強い力をもっているのでしょう」と言っています。

T　この「ああ」には、森に対するどんな気持ちが込められていますか?

（C　感心、感激などが出される。）

C2　周りにクマがいることにも気付かないくらい、夢中になっています。

C3　星野さんは、クマの目になって森を見ています。

C3　それだったら、「リスになったような気分で、倒木の上を歩きました」と書いてあって、動物になった気分になっています。

C4　自然の道を体で感じている気がします。

C5　クマで言うと、星野さんは、クマがもし来てもそっと道をゆずったらいいと「森は友達」みたいな考えの人だと思います。

この後、「きりは、絶えず形を変えながら、森の木々の間を、生き物のように伝っています」という擬人法の叙述から、自然を「人と同じような生き物として見ている」「森全体が一つの生き物のように感じている」「自然の音をよく聞いている」「なんだろう?と疑問をもって自然を見つめている」などの意見が出された。

これらを踏まえて、片岡教諭は星野さんは自然との距離が近いことを確認し、「森のこわさは、すっかり消えていました」の部分を引き合いに出して、「消えていました」ということは、前にはこわさがあったのではないかと問うた。そのうえで、森の「こわさ」を感じているのは、どの場面か、またそれはどこで消えたのか、なぜ消えたのか、さらに読み取ることを求めた。

恐怖が消えた理由としては、星野さんは、クマの目になったり、リスになったり、サケを手づかみでとったり、クマのふんから生えた白いキノコの美しさに気付いたりして、森のなかで自然の様々な姿を「体感」し「発見」していったからだという意見が出された。合わせて、だからこそ「じっと見つめ、耳をすませば、森はさまざまな物語を聞かせてくれるよう」な境地に至ったということに気付く児童も現れた。

なぜ「森はゆっくりと動いている」という考えに行き着いたのか、ということについても、サケをクマが食べる、クマのふんから白いキノコが生える、倒木から新しい芽が出るという様々な事実から、根が足のような木の物語を想像することができたから、とする理由付けもなされた。

授業のまとめとして、児童は星野さんの「自然に対する見方・考え方」を自分のことばでまとめた。「自然を一つの生き物として見ている。（互いに助け合っている。）」「自然を体感している。（サケを手づかみ。）」「同化している。（クマの目、リスになりきる。）」「自然は循環している。（森はゆっくり動いている、時の流れ方。）」などが出された。

(2) 第④時（臨場感が伝わる筆者の「書き方の工夫」について考える・表現技法編）

〈筆者の発想を探る　2―A〉

最終目的である、自身が選んだ写真に合う説明を筆者になって書くために、片岡教諭は次に本文の表現技法について検討する学習を設定した。学習のめあては「『臨場感』が伝わる星野道夫さんの『書き方の工夫』を見つけよう」である。個人学習として、該当すると箇所を見つけて本文に線を引き、どのような工夫なのか説明を書くようにしている。一人三箇所書き込めるワークシートを用意した。ある児童は、次のように見つけている。

①（書き抜き）「ピロロロロ――」「ポチャン――」「バサッ、バサッ――」「シューッ、シューッ、シューッ――」

（説明）「音であらわしていることで、頭で物語をイメージさせやすくしている。」

②（書き抜き）「森は、少しずつぼくにやさしくなってくるようでした。」

（説明）「読者もわかりやすいたとえを使っている。」

③（書き抜き）「そっと幹をなでてみました。」

（説明）『なでてみました』のところで、落ち着いていると思える表現のしかた。」

このように自分で見つけた「臨場感が伝わる」書き方の工夫を学級全体で交流した内容のまとめを、別のある児童は画用紙をつなぎ合わせた短冊に書きまとめた。「五感」「比喩」「心情」の三つの特徴として整理し、「星野道夫独自の世界観」のようなことばも書き入れた。

(3) 第⑤時（筆者の「書き方の工夫」について考える・文章構成編）〈自分の考えをもつ　2―B〉

続く第⑤時でも、自分が筆者の写真に合う説明文を書く際に生かすために、文章構成の観点から本文の表現技法について検討する学習を設定している。本文は五つの場面に分けられるが、写真と対応している文章の量から第一、二、五場面を取り上げた。それぞれの文章構成の特徴を片岡教諭は、次のように整理した。

第一場面……「全体→部分⇕全体（アップとルーズ）」、時間帯、場所

第二場面……「登場前→登場→登場後」、対比（サケ⇕クジラ）、何か起こる予兆

第五場面……「全体→物語→筆者の考え」、（不思議・疑問→納得）

下図は、個人学習として書き込んだある児童のワークシートである。（一）で、自分が文章を付けたい写真を示された七枚から選ばせ、（二）では、抽出した三つの場面のなかで、選んだ自分の写真に合っている文章構成はどれか見つけるよう問うている。（三）では、三つの場面の文章構成の特徴を分析させた。この児童は、自分が選んだ第二場面については「静」ではなく「動」の写真だとし、「㊞→クジラ→㊞」「㊥サケ・予兆→㊖クジラ」というふうに構成を捉え、赤字で「対比表現でクジラをもっと大きく見せる」とメモしている。（四）のまとめの欄には、「わたしの写真に合っているのは、第（二）場面の文章構成です。そう考えたわけは」という与えられた書き出しに続けて、第二場面を選んだ理由を「私は夜明けのようなところの写真なんですが、夜明け前の夜のことについても書くと、このきれいな風景になるまでのストーリ（ー）になっていいと思ったからです」のように記している。

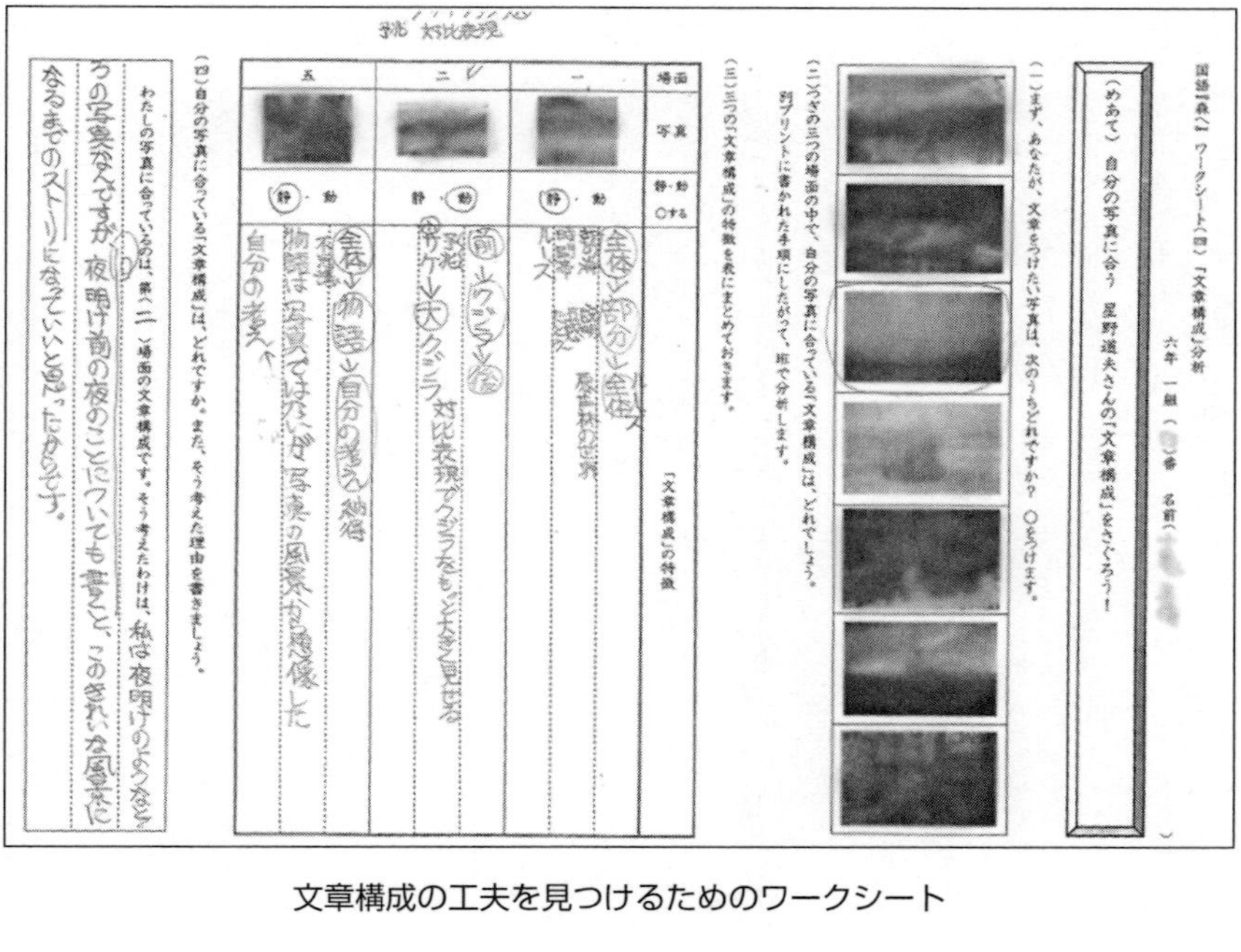

文章構成の工夫を見つけるためのワークシート

またグループでの学習として、三つの場面について、本文（連続型テキスト）のどこが、写真（非連続型テキスト）のどの部分を説明しているのか一文ずつ検討し、対応関係を見つけさせることにも取り組ませている。

■第三次（自分が選んだ写真に合う文章を書く）〔自分の発想・世界を広げる　3―C〕

第二次で筆者の発想（自然に対する見方・考え方）を内容、形式の両面から推論し、自分としてはそれらをどのように活用していくか決定した児童は、いよいよ目的としていた自分が選んだ写真に合う文章を書く学習に臨んだ。「学習指導過程モデル」における〔3―C〕の「（筆者の発想、主張をもとに）自分の発想・世界を広げる」読みの学習である。

第⑥時の一時間で、自分が選んだ写真から読み取れることを下書きプリントに書き出させた。さらにワークシートに「星野道夫さんの『自然への見方・考え方』を、あなたの写真には、どう使えそうですか？」と「星野道夫さんの『書き方の工夫』を、あなたの写真には、どう使えそうですか？　＊表現技法と文章構成に分けて書きましょう」という二つの問いを設定して取り組ませた。こうした準備を経て、第⑦時では選んだ写真に合う文章を書いた。以下は、森の鮮やかな紅葉の写真を選んだ児童の文章である（傍線は引用者、／は改行、以下同じ。破線は五感を意識した表現。波線は比喩を使った表現。実線は星野さんの思考や心情に関する表現）。

陽が差し始めたこの山にはいろいろな生き物が暮らしています。どこからか、ピロローと小鳥のさえずりが聞こえてきます。／下の方に生えている草についた水滴に光が反射し、その水滴はキラキラとかがやいていました。周りを見まわすと、まるで絵にかいたような光景がひろがっていました。風が吹くたび、黄色くなった葉が落ちてゆきます。しかし、その落ちていった葉も、肥料となり、新しい木を育て、また葉が落ちて、と回り続けることでしょう。このようなことが何年もくり返され、こんなにきれいな光景が出きた（できたの意――引用者注）のでしょう。

　太陽が出てきたころ、この森では小鳥の声が遠くまで響きわたります。にじのように広がる葉、葉のすき間から光が差し込み明るくなる森、天上は葉でおいしげっていてそのすき間から見えるのがまた美しいのです。／ここにはたくさんの生き物が住んでいます。シカの大群がわたしの前を横断します。／なんとたくさんいるのでしょう。「1、2、3、4…。」シカの大群がいなくなると、通った道へ行きました。葉はひらたくなっていましたが、さわるとかたくありませんでした。ねころんでみると、葉のすき間からはいりこんでくる光がキラキラしていました。自然はきれい。

陽が差し始めたこの山にはいろいろな生き物が暮らしています。どこからか、ピロローと小鳥のさえずりが聞こえてきます。
下の方に生えている草についた水滴に光が反射し、その水滴はキラキラとかがやいていました。
周りを見まわすと、まるで絵にかいたような光景がひろがっていました。風が吹くたび、黄色くなった葉が落ちてゆきます。しかし、その落ちていった葉も、肥料となり、新しい木を育て、また葉が落ちて、と回り続けることでしょう。このようなことが何年もくり返され、こんなにきれいな光景が出きたのでしょう。

星野道夫　写真　（[illegible]）文

第３次の学習における児童の作品例

　同じ写真についての説明であっても、「自然の見方・考え方」が異なっていると片岡教諭は述べている。前者の児童は「森はゆっくり動いている」という筆者の「自然の摂理」の考え方を用いているが、後者の児童は「自然を体感して味わう」という筆者の「自然の見方・考え方」を用いていると評価する。同じ写真でも、表現の仕方が異なり、かつそれが教科書本文をまねしているわけではなく、必要な要素を抽出して自分なりに活用することができている例だと指摘した。論の展開（文章構成）の面でも、前者は「全体→部分→物語」、後者は「前→登場→後」と、第二次で分析した内容をそれぞれなりに生かしていることが認められる。

授業は、最終第⑧時で展覧会を開いて相互評価・自己評価を行い終了した。ある児童は、以下のように学習を振り返って記述している。

星野さんは、生き物の前と後を見ています。今、見えている部分だけじゃなくて、この森にはこんな物語があったんだと、想像したり説明したりしています。例えば、「ずっと昔、ここは、厚い氷におおわれていました」や「サケが森を作る」など、（…中略…）／そして、星野さんは、つねに生き物の気持ちになっていると思いました。今はこんなことを思っているなと分かったうえで自然に接していると思います。それに、つねに疑問を持っていると思います。そうなのかと完全に分かった気にはならず、いつでも自然と向き合っているなと思いました。／星野さんのように、どこまでも疑問を持って、ちゃんと分かろうとしているところに、すごく心ひかれました。とても深い自然への思いが伝わってきました。私も疑問を持って分かろうとする気持ちを大切に、色々な学習をもっと深めていけたらいいなと思います。

こうした第三次での児童の文章表現や学習の振り返りの内容を見ると、「（筆者の発想、主張をもとに）自分の発想・世界を広げる」という「学習指導過程モデル」の〔3—C〕の読みがなされたことがうかがえる。また筆者の「自然に対する見方・考え方」について、自分としてどのように思ったか、考えたかも表現されており、〔3—B〕の「（筆者の発想、主張に対する）自分の考え・意見をつくる」学習も行われた形になっていることが認められる。無理のない、児童も取り組みやすい、「学習指導過程モデル」の第三次における融合型とも言える批判的読みのあり方の一つとして参考にしたい。

Ⅳ

批判的読みを位置付けた授業デザイン

小学校二年「じどう車くらべ」（光村図書・令和二年度版下巻）

1 修飾語や不整合に着目させ、内容、論理を「確認、具体化する」

＊本授業デザインは、T教諭の兵庫県K町立Y小学校における実践とその資料に基づいている。

1 「しごと」と「つくり」を、修飾語に着目させて「確認、具体化する」

「学習指導過程モデル」の第二次では、説明的文章の読みの基本として「（内容、表現のあり方を）確認、具体化する」ことを位置付けている。批判的読みを行うにしても、どんなことが書いてあるのか、どのように書き表されているのか、具体的に、また実感的に読み取ることができてこそ、である。もととなるこの「確認、具体化する」読みは、批判的読みがなされることで違った質のものとしてさらに推進されることにもなる。

本実践では、取り上げられている自動車の「しごと」と「つくり」を「確認、具体化する」ために、「じょうぶな」（うで）や「しっかりした」（あし）という修飾語に着目させるようにした。

授業では、つくりはどうなっているか見つける学習のところで、黒板上の「じょうぶな　うで」の語句の「じょうぶな」の部分を紙で隠して問うた。

T　別になくても通じるでしょ？

C　（一斉に）だめーっ！

（C「うで」だけだと、だめ。）

C　「じょうぶな」がないと弱くなる。

C　弱い「うで」だと思われるからです。

T　弱かったらだめなの？

C　折れてしまいます。

C　壊れると、高いのにまた買わないといけないからです。

C　丈夫でなかったら、荷物も運べないし、ちょっと上に上がったとしても重たいし、ガラスやったら割れたら大変やから、「じょうぶな　うで」が「のびたり　うごいたり　するように、つくって」あると思います。

C　「じょうぶな」がないと、丈夫かどうかわからないし、荷物のほうが重かったら壊れたらあかんし（だめだしの意――引用者注）…。

「おもいものをつり上げる」という「しごと」との対応で「つくり」の「じょうぶな」の必然性を捉えている。続いて「しっかりしたあし」についても、黒板上の「しっかりした」の部分を紙で隠して問うた。

T　これ（「しっかりした」のこと――引用者注）も、いらんでしょ？

C　（一斉に）あかん！

C　「しっかり」がなかったら、車体が傾くかもしれない。

C　「しっかり」がなかったら、付けた意味がない。

C　「しっかり」がなかったら、「しっかり」じゃないから、タイヤが動いたりして、よけい物を持ち上げることができない。

C　「あし」がしっかりしていないと、荷物が傾く。

T　どんな物をつり上げるんやったっけ。

（C　重い荷物！）

このように「つくり」を修飾している語句がない場合を敢えて提示することで、クレーン車の「うで」や「あし」は、その「しごと」との対応でどのようであるべきかへの気付きを促すことになった。ことばに着目させることは重要だとはわかっていても、意図的に働きかけていかないと、児童はわかっているつもりで読み飛ばす。「どんな『うで』か」「どのような『あし』か」確認する読みを充実させるために、修飾語の有る無しで具体化を試みたということになる。

2　「しごと」に直接関係のない「つくり」を提示し、関係把握力に培う

授業者は、何のために「じょうぶな　うで」や「しっかりした　あし」が付いているのか捉えさせるために、次のようなクレーン車の「しごと」とは直接関係のない「つくり」を列挙した文を提示した。

そとが　見えるように、まどが　あります。／しごとを　する　ばしょに　いけるように、タイヤが　ついています。

この文章でよいと言う児童はなし。全員駄目だと言うので、ペアでその理由を話し合った。その後、以下のように授業は進んだ。

C　クレーン車は荷物をつり上げる仕事をしているから、バスみたいに人もいっしょに乗らんし、別に大きい窓じゃなくていい。

C　クレーン車なのに、バスのことを言ってる。バスの後は（二例目は、の意――引用者注）、トラックのことやけど、トラックの文章と違って、「しごとを　する　ばしょに　いけるように」になっている。

C　これやったら、どんな仕事してるかわからないから。

C　どうやってつり上げるかわからないから。

C　「うで」がないと、クレーン車にはなれないから、「うで」があるほうがいいです。

C　何を使って仕事をしているかわからない。

C　「あし」がなかったら傾いてしまうし、荷物も運べない。

C　「そのために」の後からがおかしい。クレーン車は工事車両やから人は乗せない。働く車じゃないです。

T　クレーン車の仕事って何だった？

C　クレーン車は、重い荷物をつり上げる仕事です。

T　だから、みんなが一生懸命言ってた「うで」や「あし」のことが「つくり」のところには書いてないといけないんだね。じゃあ、結局ここに書かないといけないことって何だろう。

C　「うで」とか「あし」です。

C　「じょうぶな　うで」です。

T　トラックや乗用車のことを書いたらだめなんだね。

「クレーン車なのに、バスのことを言ってる」「クレーン車は工事車両やから人は乗せない」など、クレーン車としての「しごと」と「つくり」の不整合を指摘している。「確認、具体化する」読みでは内容や表現のあり方を対象とする。が、「しごと」と「つくり」をつないで捉えることのように、内容相互の関係性の把握、両者を結ぶ論理関係の理解も、内容や表現の延長にあるものとして対象となる。その「しごと」に対して、なぜその「つくり」を述べているのかという右で示した学習（読み）は、「学習指導過程モデル」の〔2―A〕、〔2―B〕という批判的読みにも通じる。

小学校四年「ウナギのなぞを追って」（光村図書・令和二年度版下巻）

2 海洋生物学者である筆者の見方・考え方、姿勢を読む

1 海洋生物学者としての筆者（＝「わたし」）が説明する文章

本教材は、海洋生物学者である筆者、塚本勝巳氏が「わたし」として文中に登場し、自身の調査研究の体験を時系列で述べるタイプの説明的文章である。そこには、ウナギがたまごを産む場所を、マリアナの大海原から見つけ出したことに対する筆者たちの思い入れが詰まっており、それらを文章表現から捉えることができる。単なる思い入れではない、海洋生物学者としての姿勢、態度に裏打ちされた研究者としての見方・考え方に触れ、読者としてどのように思い、感じるかを大事にしたい。

そのための学習課題として、以下の二つを考えてみる。

ア　筆者（たち）の海洋生物学者らしいところを見つけよう。

イ　筆者たちの調査で、さすがだなあと思うところを見つけよう。

いずれも、「学習指導過程モデル」の第二次における「（内容、表現のあり方を）確認、具体化する」読みを推進することを意図している。どんなことが書かれているかを取り出して確かめる形よりは、目的意識をもって文章に向かっていくことができる。ただし、アのほうがやや客観的に読むことになる。イも「（海洋生物学者として）さすがだなあ」という意味だが、やや主観的に読むことになるだろうか。

またアは「筆者の発想（＝考えや表現意図）を探る」〔2―A〕読みを、イは「〈筆者の発想の現れである〉文章の内容や形式に対する）自分の考えをもつ」〔2―B〕の読みを促すことになるとも考えられる。モデルでは「（内容、表現のあり方を）確認、具体化する」読みと、〔2―A〕の読みや〔2―B〕の読みとの関係性を相互矢印で示した。もちろん第二次の精読段階では、「確認、具体化する」読みが中心となり、とりわけ〔2―A〕の読みは、そこに差し込むような形で位置付ければよいとも言える。が、アの学習課題はそれを同時的に行うことができるタイプのものでもある。それは、本教材が海洋生物学者としての筆者（＝「わたし」）が説明する文章であるという特性による。

2 調査活動のあり方における海洋生物学者（＝研究者）らしさ

本論部の最終文には「初めて調査に加わったときから、三十六年の年月が流れていました」とある。その間の調査活動について、第⑥段落の「一九七三年のことです」に始まり、順次節目の出来事を「一九九一年には」「一九九四年ごろ」「二〇〇五年六月七日、新月の日」「二〇〇九年五月二十二日、新月の二日前の明け方」というふうに時間の経過に即して述べている。このようにきちんと経緯を記録し、示している点も海洋生物学者らしいところである。これらそれぞれの時期の調査活動のあり方（の記述）から、研究者らしさ、さすがだと思うところを探すことが学習の中心となる。

第⑥段落の一九七三年の調査では、「海流の上流に行くほど、小さいものがいるはずです。予想どおり、……」と書いている。「はず」だと「予想」するところが研究者らしい。続く第⑦段落では「十ミリメートル前後のレプトセファルスを、約千びきとることができた」ことに関わって、「体の中に」「一日に一本ずつふえる輪のできる部分」に着目し、「その輪を数えれば、生まれてから何日たっているかを知ることができます」

としている。細かい作業である。そのうえで「二十日分のきょりを計算して海流をさかのぼれば、親ウナギがたまごを産んだ場所にたどり着けるはずです」と述べている。ここでも「はずです」と調査結果をもとに予想している。「きょりを計算して」も、児童は研究者らしいと見なすだろうか。

第⑧段落（一九九四年ごろ）では、「これまでの調査で分かったことを、もう一度整理」している。そして「レプトセファルスがとれた場所を地図上に記し」「とれたときの体長と合わせて考えていくと、あることに気がつきました」という手順を示している。データを見直す姿勢や、可視化し、別のデータと合わせることによって新たな発見をするという取り組みぶりを児童に評価させたい。

さらにその発見について「海底の地形図でたしかめ」そこから「これらの海山が何かの役に立っているのかもしれない」という仮説を導いている。この捉えた事実と、そこから導出された仮説との因果関係の確からしさについても問うてみたい。この後、筆者らは「レプトセファルスのたんじょう日を」「輪の数から計算し」、「こよみと照らし合わせ」ることを試みている。そこから「多くのたんじょう日が、新月の日前後に集まっていること」を発見する。こうした分析の仕方も研究者らしさの候補である。

他にも「さらに場所をしぼりこまなければなりません」「フロントとよばれる、塩分のこさがことなる海水のさかい目に着目しました」（二〇〇五年）などもある。しかし、何と言っても調査に対する執念ともいうべき、長年にわたる力の注ぎようは研究者ならではのものである。調査に関する本文のことば、調査ということばが入っている表現を拾い出させてもよい。筆者が調査に加わってからでも、右に取り上げた箇所以外にも以下のようなものが見られる。

調査のはんいを南へ、そして東へと広げていきました。（一九七三年）

わたしたちは調査を続けました。（一九九四年ごろ）

わたしたちはさらに調査を続けました。(二〇〇五年)

さらにくわしく調べてみると、……(二〇〇九年)

思うような手がかりが得られなければ何年も調査を続け、得られたら得られたで調査を発展させて継続する。こうした研究者としての探究心は、最終段落でも「ウナギがどこでたまごを産むのかという問題は、これでほぼ明らかになったといっていいでしょう」と結論付けながら、直後に「知りたいことはまだまだふえるばかりです」と言い切っているところにも如実に表れている。問題は解決されたのだから、普通はこれでおしまいとしてよい。しかし、筆者はそうではない。なぜ終わりではないのか。最終の一文は「これらのなぞをとくために、わたしたちは、今年もマリアナの海にやって来たのです」で締め括られている。研究者とはどういう人か、何をする人か、どういう考え方をもっている人か。児童に問うてみたい。

3 筆者の動機を探る

(1) 時系列で述べている書きぶり、論の展開に着目して

筆者は調査活動の過程を、長年の時間の経過に即して丁寧に述べている。書かれていない調査は他にもたくさんあっただろう。それでもこのように順番に紹介しなくても、たまごを発見するための調査のあり方や工夫の実際を、トピック的に強調する形で記述することもできる。それなのに、なぜこのような時系列で述べたのだろうか。これは〔2―A〕の「筆者の発想(=考えや表現意図)を探る」読みとなる。様々に解釈することができるだろうが、一つは学術的な調査というものは、すぐに、一気に進展するものではなく、長い時間を要し、多くの試行錯誤を経るものなのだということを伝えたかったことが考えられる。また、調査結果をもとに推論し、仮説を立て、それをさらなる調査で実証するという科学的な解明のあり方の一つを示したかったこと

もあるだろう。四年生の読者の理解度を考慮したこともある。

(2) 文体の違いに着目して

本教材は、一行空きを設けて、全体を大きく三つの部分（序論部、本論部、結論部としておく）に分けている。しかし、調査の内容を記録的に述べた本論部と前後の部分の書きぶりは異なっている。冒頭部、第①段落は以下のように書き出される（傍線引用者、以下同じ）。

今年もマリアナの海にやって来ました。日本から真南に二千キロメートル、周りに島一つ見えない海の真ん中です（図1）。毎年のようにここにやって来るのは、ウナギがどんな一生を送る生き物なのかを調査するためです。あざやかなぐんじょう色の海は、白い船体を青くそめてしまいそうです。

傍線部は説明的文章というよりは、小説のような表現である。「あざやかな……」については、とくに必要ではないようにも思える。「学習指導過程モデル」に当てはめると、〔2—A〕「筆者の発想（＝考えや表現意図）を探る」観点から「なぜ、余分とも思える海の情景描写をわざわざ入れているのだろう」ということになる。結論部でも、情景描写ではないが「これらのなぞをとくために、わたしたちは、今年もマリアナの海にやって来たのです」の文で締め括られている。マリアナの海に始まり、マリアナの海で終わるのである。どうして、ここまでこだわって書いているのだろうか。

筆者は読者を意識して、興味をもってもらいたいから、そんなに美しい海でどのようなことが起こるのだろうと読みたくなるよう期待をもたせたいから、というようなことは児童も考えるだろう。もちろんそうした効果はある。一方で、ここまで見てきたように、海洋生物学者である筆者、三十六年の年月をこのマリアナの海で調査を続けてきた筆者という点を考慮すると、マリアナの海への愛着のようなものを感じ取ることもできる。研究者としては、かけがえのない調査フィールドであり、生活の場ともなっているマリアナの海のすばらしさを、ぜひ伝えたいと思っても不思議ではない。この調査活動は、それほどまでに筆者たちの全エネルギーをかけたものであることをうかがい知ることができる。

こうした筆者たちの調査研究への愛着、ひたむきさは、本論部の最終段落の次のような記述にも見られる。

（…前略…）ついにそのしゅんかんは、やって来ました。ウナギのたまごらしいものが二つとれたのです。大きさは、ほんの一・六ミリメートル。船内は、期待とこうふんに包まれました。船の研究室のモニターにうつし出されているたまごは、にじ色にかがやいていました。（…中略…）そのとき、船の中に大きなかんせいがあがりました。ついに、わたしたちは、ウナギがたまごを産む場所にたどり着くことができたのです。初めて調査に加わったときから、三十六年の年月が流れていました。

ここまでの本論部の記述は、「わたしたちの期待は高まりました」（第⑩段落、二〇〇五年調査）のような心情が書かれている箇所もあるが、ほとんどが調査結果やそこから予想されることを淡々と述べる形である。それらに比べて、右に挙げた最終段落は文学的で感覚的な表現が多い。目標を達成した筆者らの思いが読み取れる。こうした表現の違いについて、どのように考えるか、「〈筆者の発想の現れである〉文章の内容や形式に対する）自分の考えをもつ」〔2―B〕の読みの学習として設定できる。

4　筆者の調査活動に対する考えを表現する

それぞれ年代における調査活動を、海洋生物学者らしさという点で具体化して読んだ児童には、第三次の学習として、研究者としての筆者に対して何を学んだか、書いたり話し合ったりする活動を設定してみる。示されている複数の調査活動のなかで、一番さすがだと思ったものを選んで、その理由について検討するという形もよい。〔3―B〕の「（筆者の発想、主張に対する）自分の考え・意見をつくる」学習活動となる。

小学校六年「『鳥獣戯画』を読む」（光村図書・令和二年度版）

3 比較して世界を広げる

＊本授業デザインは、吉川修史教諭の兵庫県加東市立社小学校における実践とその資料に基づいている。

1 既習教材の「はじめ」（序論部）と読み比べる

『鳥獣戯画』の「はじめ」（序論部）は「はっけよい、のこった。秋草の咲き乱れる野で、蛙と兎が相撲をとっている。（…中略…）おっと、蛙が兎の耳をがぶりとかんだ。この反則技に、たまらず兎は顔をそむけ、ひるんだところを蛙が――」というふうに書き出されている。既習の説明的文章の序論部と書きぶりが異なっている特徴に着目して、本実践では一学期に学習した「時計の時間と心の時間」をもう一度読み返し、二つの説明的文章を比較して相違点を見いだす学習活動を設定した。児童は、以下のように見つけた。

○「時計の時間と心の時間」

説明から入る。　／題名の説明がされている。　／筆者の言いたいことが書かれている。　／「みなさんも……」と読者に対して書いている部分がある。　／筆者の考え

○「『鳥獣戯画』を読む」

最初は、物語のようになる。　／題名の説明がされていない。　／筆者の言いたいことが書かれていない。　／読者に対して書いている部分がない。　／動物の感情

学習を終えた教材はもう用無しというのではなく、このように再度持ち出してきて必要に応じて活用することは、もっと試みられてよい。高学年の教科書は年間一冊である。随時参照できる。一度読んでいるだけに目的に応じた読み方が可能でもある。また改めて読むことで、新たな発見、理解を得ることもできる。

この比較学習を経て、授業ではさらに「みんなはどっち派？」と問うて、どちらの序論部のほうをよいと思うか考えさせている。それぞれの立場で、児童は次のように書いている。

○「時計の時間と心の時間」派

・問いかけがあって、その後分かりやすい例が書かれているから。

・読者に対して書いていたり、筆者の考えがあったほうが分かりやすいし、その考えに共感できたり、興味がわくから。

・「時計の時間と心の時間」のほうがいいと思います。理由は、最初に説明してあるからどんどんその中に入っていける。

○「『鳥獣戯画』を読む」派

・私は、「『鳥獣戯画』を読む」のほうが好きだ。なぜなら、いきなり説明がきたら、おもしろくないから。『鳥獣戯画』だったら、興味をもたせてくれるから。

・私は、「『鳥獣戯画』を読む」がいいと思いました。理由は、「『鳥獣戯画』を読む」は初めが物語風だから興味がわく。

・「はっけよい、のこった」のように、最初にとても迫力があるから読みたくなる。おもしろそう。

それぞれの理由は互いに裏返しの関係にはなる。しかし、先の二教材の相違点を見いだす学習活動とともに、読み比べることをとおして序論部の書き方を「確認、具体化する」読みを行うことになっている。また「どうしてこのように違うのだろう」という筆者の意図や発想に目を向ける学習（「筆者の発想（＝考えや表現意図）を探る」〔2―A〕）としても機能していると思われる。「みんなはどっち派？」の学習は「〈筆者の発想の現れである〉文章の内容や形式に対する）自分の考えをもつ」〔2―B〕を促している。

2　なぜ、部分→部分→全体なのか？——「中」（本論部）の展開のあり方を推論させる

「中」（本論部）の学習では、「なぜ、部分→部分→全体なのか？」と論の展開について考えさせた。吉川教諭は、授業について知らせる学級通信で次のように述べている（傍線引用者、以下同じ）。

「初め」から「中」の途中までは、『鳥獣戯画』の全体を見せずに一部分を切り取ったものを載せ、説明していきます。そして、⑦段落になるとようやく『鳥獣戯画』の全体が現れます。⑦段落には「時間の流れが分かること」や「表情が分かること」など、『鳥獣戯画』全体を見たときの良さが記されています。

どうして、筆者は部分→部分→全体という流れで説明しているのでしょうか？　全体を見せてから部分を見ていくような展開ではいけないのでしょうか？

一般的には、全体像を示してから部分について説明するほうがわかりやすいと考えられるのに、なぜ筆者はそうしなかったのか。〔2―A〕型の読みを促そうとした。児童全員が「部分→部分→全体」のほうがよいと判断したことを受け、そう考える理由を書かせた。以下にいくつか挙げる。

・部分・部分・全体だと、初めて見る人々も分かりやすいから、わざと部分・部分・全体にしてると思った。
・私は、部分→部分→全体がいいと思いました。最初に部分を見せたのは一つ一つの絵の良さを伝えていると思いました。最後は、時間が流れていっているのを伝えたかったと思うから、全体にしていると思いました。一四四頁の7行目に「わざと切りはなして」と書いてありました。

・読む人に注目してほしいところを最初に出して、それで全体を見て時間のことを分かってもらうため。

児童の理由には、論の展開についての筆者の意図に考えを巡らしていることがうかがえる。本教材特有の論の展開に着目し、そのことに限定して「なぜ、筆者は……」と発想を問うたことで、児童は考えやすくなったと思われる。「初めて見る人々も分かりやすい」「読む人に注目してほしいところ」などには、読者意識との関連で筆者の考えを推しはかっていることも認められる。

3 表現の程度の是非について考える ――「終わり」（結論部）の筆者の主張や題名について検討する

「終わり」（結論部）の読みでは、最終文の「『鳥獣戯画』は、だから、国宝であるだけでなく、人類の宝なのだ」にある「人類の宝」は言い過ぎではないかと問うている。これは、吉川（二〇一七）で述べたことを参考にしたものである。「学習指導過程モデル」では、〔2―B〕の「〈筆者の発想の現れである〉文章の内容や形式に対する）自分の考えをもつ」に該当する。

授業では、一度自分の考えを書かせ、それを交流する学習を経て再度自分の考え（そう考える理由）を記述させた。それぞれの立場での理由は以下のようである。

〇言い過ぎではない

a　わたしは人類の宝があってもいいと思いました。『鳥獣戯画』はアニメの祖、漫画の祖だからアニメは世界の人々が見て楽しんでいるからです。だから人類の宝だと思います。

b　「人類の宝」というほどとても貴重で大切な物だと伝えたかったと思うから。

c　すごい昔から、こんなに楽しく、とびきりモダンな絵巻物が生み出され、今も残っていることのすごさを表現する言葉だから、言い過ぎではない。

○言い過ぎである

d　別に日本で守られたものなんだから、「人類」ではなく、「日本」でいいと思う。だから、せめて、「日本の宝」でいいと思う。

確かに結論部には「世界を見渡しても、そのころの絵で、これほど自由闊達なものはどこにも見つかっていない」と述べられてはいる。とは言え「人類の宝」は筆者の思いがかなり強く出ていることばである。このことばの是非を考えることで、筆者の主張を検討することになる。

aは自身の知識としての「アニメは世界の人々が見て楽しんでいる」ことを根拠にしている。bは筆者の意図を推しはかっており、〔2―A〕の読みからの理由付けである。cは「こんなに楽しく、とびきりモダンな絵巻物が生み出され」と本文の表現に基づいて判断している。dは傍線部のように本文の表現に基づきながら、代案としての「せめて、『日本の宝』でいい」を提示した。誇張せずに抑制的に表現すればよいという、この児童の考えを見ることができる。いずれにしても、〔2―B〕の読みがしっかりとなされていると思われる。

この後、題名についても検討させている。題名のあり方は、批判的読みの大事な対象である。本教材の場合も、普通は「『鳥獣戯画』を見る」であってもよいところだろうが、「『鳥獣戯画』を読む」となっている。検討するには格好の教材だと言える。児童は、次のように書いている。

e　そのままの「読む」でいい。文字を読むのは、あたり前だけど、絵を読むというのは、たぶん、スゴさや筆さばきなどを「読む」ことだと思う。

f　わたしは「『鳥獣戯画』を読む」でじゃなく、「楽しむ」の方がいいと思います。「見る」だと絵を見るだけなので「楽しむ」は「読む」も「見る」も入っていると思ったからです。

eの児童は、題名にある「読む」とはどういうことか解釈したうえで判断している。fの児童は「読む」も

「見る」も含まれていることばとして、代案の「楽しむ」を示した。どちらも自分の考えを表明している。

4 筆者の見方・考え方で、人気アニメを「読む」

第三次では、現代のアニメ（『鬼滅の刃』）と『鳥獣戯画』を比べて、共通点と相違点を見つける学習をした。『鳥獣戯画』を読む」ならぬ「『鬼滅の刃』を読む」として、吉川教諭は取り組ませた。児童に大人気のアニメである。意欲的に取り組んだことと推察される。以下は、作文例である（傍線引用者、／は改行）。

『鬼滅の刃』と『鳥獣戯画』を比べて　K・T

今から『鬼滅の刃』の良さを紹介します。その前に、ぼくは『鬼滅の刃』の方が好きです。／『鬼滅の刃』の良いところは、読者に分かりやすいよう、コマ割りして区切っているところです。これは『鳥獣戯画』にはありませんでした。ふき出しの中にしゃべっていることを入れる工夫もあります。ぼくはこの工夫はとてもすごいと思っています。それは、そのふき出しを大きく太字で書くと、より強調されて見えるからです。しかし、これも『鳥獣戯画』にはありませんでした。けれども、共通点もあります。それは、両方白黒だし、時間が右から左へつくられていることです。だから、こういうところが漫画の祖なのかなと思います。／今まで、共通点と相違点を書いてきましたが、やっぱりぼくは『鬼滅の刃』の方が好きです。／おしまい

『鳥獣戯画』で捉えた筆者の見方や考え方は、『鬼滅の刃』という別の作品を「読む」なかで、より深く、広く認識することになった。第三次における「（筆者の発想、主張をもとに）自分の発想・世界を広げる」〔3―C〕読みのあり方の一つを具現していると思われる。

中学校一年「玄関扉」（三省堂・令和三年度版）

4 事例内容を比較して、筆者の主張をつかむ

＊本授業デザインは、吉川が大阪府S市立T中学校で行った授業の学習指導案を改変した内容に基づいている。

1 多面的に捉えることの意味や価値

普段の生活で意識することの少ない「日本の玄関のドアの外開き」について、その理由を説明した文章である。「日本人の生活様式に適した、現実的な解決」という理由を先に示し、「外に開くほうが日本の生活習慣に適している」理由を追加説明する。後者の理由についての説明も、侵入者防御、日本の引き戸、握手とおじぎの挨拶距離などを示している。一つの事象・現象を多面的に捉えることの面白さや価値に気付かせたい。

2 目標

○主張とその根拠となる事例をつなげて読み取ることができる。 【知識及び技能 (2)ア】

○日本の玄関ドアが外開きなのは、生活様式的側面だけでなく生活習慣的側面が要因であるとする筆者の主張を読み取り、多面的に事象・現象を捉えることに意識を向けることができる。 【思考力、判断力、表現力等 C 読むこと(1)アイ】

○筆者のものの見方、考え方に対して自分の考えをつくろうとする。 【学びに向かう力、人間性等】

3　学習指導過程（学習指導計画）　全5時間

学習指導過程（学習指導計画）は、以下のように設定した。

第一次　題名読み。通読、感想の交流。新出漢字、難語句の学習（1時間）

第二次　日本の玄関ドアが外開きである理由と筆者の主張を読み取る（2時間）

第三次　「玄関扉」と同様な文化の違いを見つけて書いたり話し合ったりする（2時間）

一時間きりの飛び込み授業を前提としたもののため、簡潔な内容となっている。第二次は、筆者の主張は本論で挙げられている事例とどのような関係にあるのか「〈内容、表現のあり方を〉確認、具体化する」読みを中心としながら、事例のあり方について検討する〔2―A〕の「筆者の発想（＝考えや表現意図）を探る」読みや、〔2―B〕の「〈筆者の発想の現れである〉文章の内容や形式に対する〉自分の考えをもつ」読みを取り入れた形となる。第三次は、〔3―C〕の「〈筆者の発想、主張をもとに〉自分の発想・世界を広げる」読みに相当するものである。

4　本時の学習（第二次第①時）

本時は文章全体の構造を大まかに捉えたうえで、日本の玄関のドアが外に開く理由を多面的に述べようとしている筆者の考え方に迫らせることを目指す。一つの事象・現象は、見方を変えると違った意味合いをもってくることへの気付きを促すことになる。目標と展開は次のようである。

■目標

日本の玄関のドアが外開きなのは生活様式に適しているからだけでなく、生活習慣的な背景にもよることを読み取り、物事を多面的に捉えようとしている筆者の見方・考え方に気付くことができる。

■展開

(1) 序論部(第①②段落)と第③段落の問題提示を読み、話題の前提を捉えるとともに学習課題を確認する

まず第①、②段落及び第③段落の冒頭の問題提示文を音読して確認する。その後、学習課題を確認する。

学習課題　「なぜ日本の玄関のドアは外に開くのだろう」

学習課題としては、第③段落の冒頭にある「なぜ日本の玄関のドアは外に開くのか」という問題提示文をそのまま位置付ける。これが文章全体を貫く筆者の問題意識であるし、明示されているわけだから、そのまま読みの課題とすることは学ぶ側も指導する側も無理なく取り組める。内容的な解明を中心にするのが、新たな情報を提供する説明的文章では、学習課題の本筋である。

(2) 全文を通読し、学習課題について話し合う

多少時間はかかるが、本文全体の構造を捉えての学習とする予定であることから、全文を通読する（家庭学習を含めてある程度読み込めているようなら、通読は省いてもよい）。授業者のほうでリードして生徒とのやりとりのなかで内容のあらましを整理し、大きく二つの観点から理由を述べている（＝本論部全体は大きく二つに分けられる）ことを確認する。学習課題に対する筆者の答えとしては大きく二つ示されていると知らせ、本文にある「日本人の生活様式に適した、現実的な解決」（第④段落）と「外に開くほうが日本の生活習慣に適している」（第⑧段落）ということばを個人で、またはグループで見つけ出させる。この二つの答えの内容について「確認、具体化する」読みを行わせるが、その際にそれぞれの説明内容について「なるほど」と思ったことを伝えること（〔2―B〕「〈筆者の発想の現れである〉文章の内容や形式に対する）自分の考えをもつ」読み）の観点を取り入れることも一案である。

⑶ 日本の生活習慣的な観点から外開きの理由に迫っている筆者のものの見方について、自分の考えをつくる

二つの答えについて確認、具体化がなされたところで、批判的読みを行ってみる。前半〔第③、④段落〕で「『履き物を脱ぐ。』『土間を水洗いしたい。』『隙間風を嫌う。』という日本人の生活様式に適した、現実的な解決」は示され、一応の妥当な解決は得られたわけである。それなのに、なぜ筆者は後半の「外に開くほうが日本の生活習慣に適している」〔第⑧段落〕理由を述べたのか、である。これは〔2―A〕型の読みに当たる。

筆者は、前半で示した機能的側面での外開きの必然性はもちろんだが、日本の生活、文化に根ざしたところに起因しているものでもあるという新しい観点、見方を提示し、外開きの必然性を読者に訴えている。しかし、そうした主張は明示されてはいない。握手とおじぎの対比で「〝挨拶距離〟を基準とした解釈」が欧米人と日本人で異なることを述べるにとどまっている。その非明示部分を生徒に推論させる。〔2―B〕型の読みの観点から、前半の理由だけで述べる場合と後半の理由がある場合とでは、読んでいて何が違うのか考えさせることもできる。「筆者の考え方〔述べ方〕を、わたしは…」という書き出しで書かせて学習のまとめとする。

5 第三次の学習として

学習指導計画では「『玄関扉』と同様な文化の違いを見つけて書いたり話し合ったりする」活動を置いたが、右のように、敷衍される筆者の主張を述べた結論部がないという特徴を踏まえ、結論部の一段落を作る学習も設定できる。「生活のあり方、仕方には、国や地域の人々の考え方、文化のあり方が関係しているのである」や、「物事は多面的に捉えることが必要〔大切〕である」と少々大きめなものも出てくるだろうか。〔3―B〕「〔筆者の発想、主張に対する〕自分の考え・意見をつくる」学習となる。

中学校二年「黄金の扇風機」「サハラ砂漠の茶会」（東京書籍・令和三年度版）

5 二つの説明的文章の相違点・共通点を「対談」で深める

1 どちらの主張（見方・考え方）により納得するか

二つの教材を読み比べるように設定されている単元である。大筋の主張点としては、「黄金の扇風機」は美の多様性に、「サハラ砂漠の茶会」は美の共通性に力点を置いている内容の説明的文章として位置付けられている。どちらも美について説明しているものの、対照的な内容、主張のように読める。

「学習指導過程モデル」の第二次の読みとして、「（内容、表現のあり方を）確認、具体化する」読みを行うに当たって、順番にどんなことが書かれているか検討してもよいのだが、二教材を合わせて読むことができる環境を生かして、「どちらの主張（見方・考え方）により納得するか」という学習課題に取り組むことを考える。もちろん、どちらの内容、主張もそれぞれなりに納得、共感できたり、逆にそう思わなかったりするものではある。それでも敢えて、より納得するほうを選択させ、どの部分でそう思うのか、なぜそう考えるのかを個人で、またはグループで学習させる。これは同時に、〔2―B〕の「（〈筆者の発想の現れである〉文章の内容や形式に対する）自分の考えをもつ」読みとなる。

二つを通読後に直感的に選択させ、選んだほうに特化して納得、共感箇所を見いださせてもよいし、他方の文章と比較対照しながら、自分が選んだ文章により納得、共感できることについてまとめさせてもよい。「黄金の扇風機」なら序論部の「新しい感じ方に対して心を柔軟に開いておくことだ」や本論部後半の「美しさとはさまざまであり、しかも、それは変化する」などに、「サハラ砂漠の茶会」では本論部の「芸術は人類皆のもの」や「人間は驚くほど皆同じ」などに反応する生徒は多いだろう。こうした発見作業をとおして、内容を確認したり具体化したりすることが主体的に進められることを期待する。

2　事例のあり方、事例と主張との関係を納得、共感の観点に

納得、共感を見いだすために、事例のあり方や、事例と主張との関係（つながり具合）を観点として提示してもよい。キーワードだけでなく、論の展開の観点からもアプローチさせたい。

「黄金の扇風機」では、まず家具や扇風機などの電化製品、靴のデザインや色合いについて「国や文化が変われば、美的感覚は大きく異なるもの」と感心する。次に、三、四年後のこととして、先の製品の趣味が変化し、違和感が明らかに減ったことを述べる。その変化について、日本人の筆者には好ましくとも、「世界中の価値観が徐々に似通ってきている」ことへの危惧を指摘している。変化を複眼的に捉えて示している。

「サハラ砂漠の茶会」では、まず遊牧民の男との「茶会」での美的体験、夕食での「現地の遊牧民が食べているものが最高においしかった」経験を述べる。その後、音楽を例に芸術の人類共通の美的体験を、さらに「アフリカで遊牧民の少年」が摘んだ野に咲く花を、遠来の旅行者が「ビューティフル」と言ったことを挙げる。

こうしてみると、「黄金の扇風機」のほうは、一つの事象の変化を取り上げ意味付けているのに対して、「サハラ砂漠の茶会」のほうは、同じ観点での例を種類を変えて複数重ねていくパターンである。

さらに、こうした事例の展開の仕方は、筆者の主張の厚さとも関係しているように思われる。「黄金の扇風

機」は、「美しさとはさまざまであり、しかも、それは変化する」と、美の多様性を主張しつつも「怖いのは、そのダイナミックな感覚が失われ、ある特定のものだけを美しいと見なすような、こわばった見方に陥ってしまうことだ」とも述べ、負の側面にも言及している。一方の「サハラ砂漠の茶会」は、美的作用に関しては、同種の事例を提示したことを受けて「人間は皆同じである」という主張をくり返す論調となっている。

「事例の内容のあり方や、主張内容について比較して比べてみよう」と、観点を示して自力学習に任せてもよし、全体学習として大まかに確かめたうえで、各自の判断に委ねてもよし、である。

3　両者に共通する主張、内容は何か

ここまでは、二つの教材のどちらにより納得、共感するかという学習課題のもと、両者の相違点に着目する観点での「（内容、表現のあり方を）確認、具体化する」読み、〔2―B〕の「〈筆者の発想の現れである〉文章の内容や形式に対する）自分の考えをもつ」読みを展開することを示した。しかし、両者はまったく反対のことを主張しているわけでもない。そのことを意識している生徒もいるだろう。

そこで、次に「両者に共通する主張、内容は何か」を学習課題として取り組ませてみる。美の多様性と共通性についてそれぞれ述べているが、両者とも同じことを言っていると思えることば、表現はないか見つけてみよう、ということになる。

いろいろな角度で捉えることができるだろうが、一つには、両者とも美しいものを美しいと思う（感じる）柔軟で、広い心をもつことが大切であることを言おうとしていると解することができる。美しいものには、国や地域、人種、そして時間を超えて共通的に認識できるものもある。他方、個別的に認識し判断されることでよりその価値が発揮され、よさが見いだされるものもある。それら双方を認めていく心が必要である、そうし

た感性をもつ、磨いていくことが求められると主張している。

本文のことばで言うと、「黄金の扇風機」の「心を柔軟に開いておくこと」「世界の美しさ」「そこに美しさを見いだすのは、それを見る我々のほう」「心をしなやかに持つこと」など、「サハラ砂漠の茶会」では「美的体験」「美しいものは誰が見ても美しい」などであろうか。これらのことばがどういう意味で共通しているのか、なぜ共通しているものとして捉えるのか、書かせたり話し合わせたりして、「（内容、表現のあり方を）確認、具体化する」読み、〔2―B〕型の読みをさらに深めるようにする。

4 筆者どうし対談すると、どんなことを話すだろうか

第三次では、「筆者どうしが『美』『美しいもの』について対談する」という学習活動を設定してみる。ここまで述べた両者の相違点や共通点を見いだす学習を進めてきた生徒は、いわば対談する材料はもっていることになる。1でより納得、共感すると選択した文章の筆者になって、生徒どうしペア対談の形で、それぞれ『美』『美しいもの』をどのように考えるかをテーマに、意見交換をする。共通点を中心に対談するように決めておくと進めやすいかもしれない。

バリエーションとしては、以下のようなものも設定できる。

・それぞれの筆者の主張点を個人で書いて整理し、対談に臨む。

・司会者を立てて、鼎談の形をとる。

・一人で筆者二役を担当し、ノートに鉛筆対談風に一人で対談を完成させる。

〔3―B〕の「（筆者の発想、主張に対する）自分の考え・意見をつくる」読みと、〔3―C〕の「（筆者の発想、主張をもとに）自分の発想・世界を広げる」読みとを統合したような学習活動になる。

中学校三年「作られた『物語』を超えて」（光村図書・令和三年度版）

6 論の展開や写真のあり方などの書きぶりに着目する

1 「作られた『物語』」の内容を確認、具体化する

本教材のキーワードの一つである「物語」は序論部から「野生動物の行動を誤解すること」に関して「人間に都合がいいように解釈して」「人間が作った『物語』であ」り、「動物たちに大きな悲劇をもたらす」ものとして登場する。そして本論部前半では、そうした「作られた『物語』」の「格好の例」として、ゴリラのドラミングに対する誤解を取り上げ、「『ゴリラは好戦的で凶暴な動物だ』という『物語』を作り出したことによって、ゴリラは悲惨な運命をたどることになった」と述べている。

本論部後半では、視点を人間に移す。人間が獲得したことばというものが有する功罪両方の側面に言及し、罪の面の「自分の体験を脚色したり誇張したりする力」を取り出す。ゴリラのドラミングに対する誤解を「人間がある印象を基に『物語』を作り、それを仲間に伝えたがる性質をもっているからだ」と指摘したうえで、「何気ない行為が誤解され、それがうわさ話として人から人へ伝わるうちに誇張されて、周りに嫌われてしまうことがある」と述べる。世界各地の争いや衝突の事態に触れ、「互いに相手を悪として自分たちに都合のよい『物語』を作りあげ、それを世代間で継承し、果てしない戦いの心を抱き続けるからだ」と論を展開する。

いわゆることばを有しない野生動物と、ことばを獲得しことばでやりとりができる人間、それぞれに作られ

る「物語」はどのようなものか、相違点と共通点を整理し、つかませておくことが必要である。

2　筆者のゴリラに対する愛情がわかる（感じられる）箇所を見つける

筆者はゴリラ博士である。本論部前半のゴリラのドラミングに関する記述部分はもちろんのこと、その他の箇所でも「ゴリラが人間とは別の表現を用いて平和を保っている」など、筆者がゴリラのことを愛してやまないと思われる書きぶりがある。写真のアングル、内容、キャプションもそうである。なぜその箇所だと思うのか、どんな愛情が感じられるのか、自分のことばで説明させることも「確認、具体化する」読みである。

3　論の展開を検討する

先述したが、本教材は本論部前半でゴリラの、後半で人間の「作られた『物語』」が説明されている。なぜ筆者は、このような順序で論を展開したのだろうか。〔2—A〕「筆者の発想（＝考えや表現意図）を探る」読みである。また、こうした述べ方の順序、論の展開を、どのように評価するだろうか。こちらは、〔2—B〕「〈筆者の発想の現れである〉文章の内容や形式に対する）自分の考えをもつ」読みとなる。

もちろん動物の例から入るほうが読者としては興味がわく、読みやすいという意見が出るだろう（こう考えられること自体、大事なことである）。しかし、結論として筆者は人間社会における「作られた『物語』」のことが言いたいと考えられる。それなら、ことばの功罪（第⑧段落）、ルワンダやコンゴの紛争のことから述べ、これは野生動物への誤解、ゴリラのドラミングへの誤解と根は同じなのである、と展開することもできる。

また、吉川（二〇一七）の「批判的読みの基本的なあり方」図における〔3　読み・検討の対象〕の「形式面」の「f　説明の分量」に照らし合わせると、前半、後半ともそれなりの分量で書かれている。が、ゴリラの記述がやや多いだろうか。人間社会のことについて主張したいなら、ゴリラのほうの分量を削減して、紛争のことや他の誤解の例などもっと詳しく述べてもよいのに、とも思う。

4　写真のあり方を批判的に読む

本教材には、図が一点、写真が五点掲載されている。写真のうち一点は、ゴリラの調査地の一つであるヴィルンガ火山群の遠景を写したもの、残りの四点はすべてゴリラを撮ったものである。ゴリラの写真のうち三点は、本論部のゴリラのドラミングの説明をしている部分に合わせた内容の写真（ドラミングをするオスのゴリラ、シルバーバックと子供たち、子供のゴリラのドラミング）が挿入されている。しかし、残りの一点は「群れで平和に暮らすゴリラ」というキャプションで、群れのなかの数頭が座ってくつろいでいる様子の写真である。挿入場所は、結論部の本文のすぐ上である。

〔2―A〕の「筆者の発想（＝考えや表現意図）を探る」読みの観点からは、なぜ最後に「群れで平和に暮らすゴリラ」の写真をわざわざもってきたのだろう、ということになる。結論部では「現代はさまざまな文化や社会で暮らす人々が国境を越えて行き交う時代である」と述べ、「何より自分を相手の立場に置き換えて考えてみる視点が重要である」と主張している。人間社会のあり方やそこで生きていく人間の姿勢について述べている箇所にこの写真を挿入した意図は何か、検討することは取り組まれてよい。

一つ前の段落（第⑪段落）には「ドラミングが戦いの宣言だという『物語』の誤解を超えた先には、『ゴリラが人間とは別の表現を用いて平和を保っている』という私にとって新しい価値をもつ豊かな世界が広がっていた」という記述がある。最終文を「作られた『物語』を超えて、その向こうにある真実を知ろうとすることが、新しい世界と出会うための鍵なのだ」と締め括った筆者には、くつろぐゴリラたちの姿に、真実の世界、新しい世界を見いだすことのすばらしさが見えたのかもしれない。象徴的な意味合いを込めた掲載ともとれる。

一方で、ことばや文化の違う人どうしが起こした誤解による紛争や争いの写真は掲載しなくてよかったのだろうか。なぜ筆者は、こちらの写真を入れずに、最後にまでゴリラの写真を載せたのだろうか。最後は紛争現場の写真を代わりに挿入するという手もあったはずである。

こうした写真に関することを、「わたしはこの写真の掲載の仕方で納得する。なぜかというと……」という〔2―B〕の「〈筆者の発想の現れである〉文章の内容や形式に対する）自分の考えをもつ」読みとして展開していくことであってもよい。余裕があれば、そうした〔2―B〕型の読みを行ったうえで「では、なぜ筆者は……」という〔2―A〕型の読みにも向かわせるとよい。

5　身の回りの「作られた『物語』」に目を向けて読み広げる

第三次では、〔3―C〕の「（筆者の発想、主張をもとに）自分の発想・世界を広げる」読みを展開する観点から、身の回りの「作られた『物語』」に目を向けることに取り組んでみる。情報社会にあって、根拠のないことば、言説に踊らされ、自分の考えをもてずに雰囲気に流されてしまうことは多い。ＳＮＳでの投稿など、相手の立場を考えずに、自己中心的な言動をとることによる問題事象はどんどん増えている。そうした問題の当事者になる可能性も否定できない生徒たちである。自分事として捉える機会としたい。

どういう誤解に基づく、どのような「物語」が作られているのか。何が問題なのか。筆者の主張と照らし合わせて分析させ、自分の考えとしてまとめさせる。第二次の学習を終えたところで、または第二次に入ったところで並行して、様々なメディアを対象に「物語」に相当する事象を取材させるようにする。生徒の実態に応じて、授業者側で複数のサンプル「物語」を用意しておいて、そのなかから選択させてもよい。

【索引】

【著者紹介】
吉川　芳則（きっかわ　よしのり）
兵庫教育大学大学院教授。博士（学校教育学）。
兵庫県生まれ。神戸大学教育学部卒業。兵庫県公立小学校教諭，兵庫教育大学附属小学校教諭（この間に兵庫教育大学大学院修士課程言語系コース修了），兵庫県教育委員会事務局指導主事を経て現職。全国大学国語教育学会（理事），日本国語教育学会，日本読書学会，日本教育方法学会等会員。国語教育探究の会代表。

【主な著書】
『主体的・対話的で深い学びを実現する　中学校国語科教科書教材の発問モデル』（明治図書，2021年，編著）
『インタビュー・スピーチ・プレゼン・話し合いの力をつける！小学校国語科　話すこと・聞くことの活動アイデア44』（明治図書，2019年，編著）
『国語嫌いな生徒が変わる！中学校国語科つまずき対応の授業＆評価プラン』（明治図書，2018年，編著）
『国語教育選書　論理的思考力を育てる！批判的読み（クリティカル・リーディング）の授業づくり―説明的文章の指導が変わる理論と方法―』（明治図書，2017年，単著）
『国語教育選書　主体的な〈読者〉に育てる小学校国語科の授業づくり―辞典類による情報活用の実践的方略―』（明治図書，2016年，共編著）
『アクティブ・ラーニングを位置づけた中学校国語科の授業プラン』（明治図書，2016年，編著）
『教室を知的に，楽しく！　授業づくり，学級づくりの勘どころ』（三省堂，2015年，単著）
『説明的文章の学習活動の構成と展開』（溪水社，2013年，単著）
『クリティカルな読解力が身につく！　説明文の論理活用ワーク（低学年編，中学年編，高学年編，中学校編）』（明治図書，2012年，編著）他多数

国語教育選書
論理的思考力を育てる！批判的読み（クリティカル・リーディング）の学習モデル
―説明的文章の授業が深まる理論と方法―

2021年11月初版第１刷刊　©著　者　吉　川　芳　則
発行者　藤　原　光　政
発行所　明治図書出版株式会社
http://www.meijitosho.co.jp
（企画）木山麻衣子（校正）有海有理
〒114-0023　東京都北区滝野川7-46-1
振替00160-5-151318　電話03(5907)6702
ご注文窓口　電話03(5907)6668
＊検印省略　組版所　藤　原　印　刷　株　式　会　社

Printed in Japan　ISBN978-4-18-294928-9